Pädagogische Praxisimpulse

Band **6**

AF285003

Organisationale Lernprozesse zur Bindung von Auszubildenden:

Eine Interviewstudie zum organisationalen Lernen zur Verringerung von Ausbildungsabbrüchen in der Gesundheits- und Krankenpflege

Saskia Löffler

Reihe: Pädagogische Praxisimpulse

Herausgeber: Prof. Thomas Prescher

Bibliografische Information der Deutschen Nationalbibliothek: Die Deutsche Nationalbibliothek verzeichnet diese Publikation in der Deutschen Nationalbibliografie; detaillierte bibliografische Daten sind im Internet über dnb.dnb.de abrufbar.

© 2020 Saskia Löffler

Herstellung und Verlag: BoD – Books on Demand, Norderstedt
ISBN 9783752686890

„Man sieht auf etwas hundert Mal, tausend Mal, ehe man
es zum allerersten Mal wirklich sieht"

(Christian Morgenstern)

Ich möchte DANKE sagen:

Dieses Forschungsvorhaben wäre für mich ohne die Hilfe von besonderen Menschen in meinem Leben nicht möglich gewesen. Diese Menschen haben mir in der vergangenen Zeit ihr Ohr geliehen, eine Schulter zum Anlehnen und Ausweinen, den Rücken freigehalten sowie mich auf nur jede erdenkliche Art und Weise unterstützt und gestärkt. Da wären zuerst mein Mann und meine Mutter, aber auch meine Schwester. Es ist fantastisch und beruhigend zugleich in eine solche Familie eingebettet sein zu dürfen. Ein Dank für den IT-Support geht an meine „große" Zoe. Ohne Sie wäre ich verzweifelt! Außerdem möchte ich meinem Sohn Emmet danken, der in der vergangenen Zeit oftmals auf seine Mama verzichten musste. Ich danke auch meinen beiden besten Freundinnen Carola & Anja. Sie wussten besonders, wie sie mich beruhigen, stärken und runterfahren. Und meinen großartigen Kollegen Sabine, Matthias, Andrea und Corinna. Sie alle haben mit großem Interesse mein Projekt verfolgt und standen immer für einen fachlichen Rat und ehrliches Feedback parat. Außerdem gilt mein besonderer Dank Kirsten für die ständige Erreichbarkeit und das konstruktive Feedback. Weiterhin möchte ich Martina und Iris danken, die ebenso ständig erreichbar gewesen sind und mich in dieser Zeit sehr unterstützt haben.

Zum Schluss möchte ich meinen Dank an Herrn Prof. Dr. Prescher richten, der mir die Veröffentlichung dieses Beitrags vorgeschlagen und ermöglicht hat.

I. Inhaltsverzeichnis

Abbildungsverzeichnis

Tabellenverzeichnis

Abkürzungsverzeichnis

AB	Auszubildende
BBIG	Berufsbildungsgesetz
BIBB	Bundesinstitut für Berufsbildung
BMBF	Bundesministerium für Bildung und Forschung
BMFSFJ	Bundesministerium für Familie, Senioren, Frauen und Jugend
KrPflG	Krankenpflegegesetz
KrPflAPrV	Ausbildungs- und Prüfungsverordnung für die Berufe in der Krankenpflege
KTQ	Kooperation für Transparenz und Qualität im Gesundheitswesen
PA`s	Praxisanleitende
PD	Pflegedirektion
PDL	Pflegedienstleitung
PflBG	Pflegeberufegesetz
QM	Qualitätsmanagement

1 Einleitung

Das erste Halbjahr des Jahres 2020 war medial bestimmt von nahezu einem Thema - dem Coronavirus und der nachfolgenden weltweiten Pandemie. Nach China, Italien, Spanien und Frankreich muss auch Deutschland historisch bisher einmalige Maßnahmen ergreifen, um die Ausbreitungsgeschwindigkeit des Virus zu minimieren. Nachrichten, Eilmeldungen, aber auch Fakenews überschlugen sich teilweise stündlich. Das Bundesministerium für Gesundheit implementierte daher eine Internetseite, auf welcher Interessierte die Möglichkeit haben, sich über den Stand der Virusausbreitung zu informieren (vgl. Bundesministerium für Gesundheit 2020, o. S.). Trotz eines gut ausgerüsteten Gesundheitssystems war es auch für Deutschland essenziell, eine exponentielle Ausbreitung des Virus zu verhindern, um einer Überlastung des Gesundheitssystems, speziell der Intensivstationen mit Beatmungseinheiten, vorzubeugen (vgl. Stiftung Gesundheit 2020, o. S.). Dieses Vorgehen wird mit dem Begriff „Flatten-the-Curve" (vgl. ebd.) bezeichnet. Die Notwendigkeit eines solchen Vorgehens verwies auf die begrenzten Kapazitäten der deutschen Krankenhäuser, die bereits vor der Coronakrise, nicht nur im pflegerischen Bereich ein personelles Defizit verzeichneten (vgl. Ver.di 2020a, o. S.). In dieser zugespitzten Situation bedeutete dies überproportionale Belastungen für ein System, welches schon seit längerer Zeit Schwierigkeiten aufweist (vgl. Ver.di 2020b, o. S.). Umso aktueller erscheint daher der Aspekt der Mitarbeiterbindung im Bereich der Gesundheits- und Krankenpflege, damit auch zukünftig die pflegerische Versorgung der Patienten gewährleistet werden kann. Besonders im pflegerischen Bereich wird, hervorgerufen durch den Fachkräftemangel, der Mitarbeiterbindung eine hohe Bedeutung zugemessen (vgl. Loffing/Loffing 2010, S. 4).Die Arbeitslosenquote im Bereich der Altenpflege, aber auch Krankenpflege sinkt kontinuierlich, wohingegen die Anzahl der unbesetzten Stellen parallel steigt (vgl. Bundesagentur für Arbeit Statistik 2019, S. 10ff.). Bundesweit herrscht ein eklatanter Fachkräftemangel für den pflegerischen Gesundheitssektor, der sich zukünftig weiter verschärfen wird (vgl. Bundesministerium für Familie, Senioren und Jugend[1] 2019, S. 5; Isfort et al. 2018, S. 30ff.). Krankenhäuser müssten zur Kompensation des Fachkräftemangels Personal binden (vgl. Loffing/Loffing 2010, S. 38). Die Notwendigkeit zum Handeln scheint mittlerweile ebenfalls die Bundesregierung erkannt zu haben. Es wird als dringend notwendig erachtet, die Rahmenbedingungen der Pflegekräfte zu verbessern und überdies ebenfalls die Berufsausbildung (vgl. BMFSFJ 2019, S. 5). Der Ausbildungsbereich wird dabei als entscheidend

---

[1] Fortführend wird dieses Ministerium innerhalb dieser Arbeit mit seiner Abkürzung BMFSFJ bezeichnet.

gesehen, um einen Fachkräftemangel kompensieren zu können, flankiert von weiteren Maßnahmen, welche den Beruf attraktiver und nachhaltiger für die Arbeitnehmenden gestalten sollen (vgl. ebd., S. 5f.).

1.1 Situation in der Pflege als Grundlage der Problemstellung

Mit dem Blick auf existierende Statistiken und Zahlen, erscheinen solche Maßnahmen auch als dringend indiziert. Viele examinierte Pflegekräfte, gleich welcher Fachrichtung, machen sich über einen Ausstieg aus dem Beruf Gedanken. Dies untermauerten bereits sowohl Ergebnisse der ersten Next-Studie aus dem Jahr 2005 (vgl. Simon et al. 2005, S. 51), als auch der Ausbildungsreport Pflege (vgl. Ver.di 2015, S. 48). Als dezidierte Gründe für die Fluktuation wurden u. a. der Wechsel in andere Krankenhäuser oder eine vorübergehende Niederlegung des Berufs angegeben (vgl. Blum/Offermanns/Steffen 2019, S. 27). Als zentrale Befunde für die Situation in der Pflege können das Arbeiten unter Zeitdruck sowie hohe physische, psychische und emotionale Belastungen festgestellt werden (vgl. DGB-Index Gute Arbeit 2018, S. 7ff.). Weiterhin berichteten die befragten Pflegekräfte (n=1.858) von schlechten Arbeitsbedingungen (vgl. ebd., S. 19ff.). Gleichzeitig wirkt sich der persistierende Personalmangel auch auf die

Qualität der Ausbildung in der Pflege aus (vgl. Ver.di 2015, S. 55).

Einheitliche Aussagen für den Ausbildungsbereich zu treffen ist ungleich schwieriger, da Untersuchungen für die Auszubildenden[2] der Gesundheits- und Krankenpflege, der Gesundheits- und Kinderkrankenpflege und Altenpflege nicht zentral, etwa über das statistische Bundesamt, konsequent erhoben werden (vgl. Slotala 2019, S. 74). Um hier zukünftig differenzierte Zahlen generieren zu können, ist eine Änderung in diesem Bereich im Rahmen der Ausbildungsoffensive Pflege durch das BMFSFJ (vgl. 2019, S. 9) vorgesehen. Fest steht, dass die Zahl der Ausbildungsplätze zukünftig erhöht werden soll (vgl. ebd., S. 16). Dies impliziert aber geradezu die Notwendigkeit für einen Blick auch auf drohende Abbrecher. Ziel müsste es demnach sein, alle Auszubildenden nach drei Jahren zum Examen zu führen - von einem möglichst dauerhaftem Verbleib im Beruf abgesehen. Das durch eine erfolgreich absolvierte Ausbildung entstehende Fachpersonal wird mit dem Begriff „Pflegepotential" bezeichnet (vgl. Barbian/van der Loo 2011, S. 36). Definitiv sollte Ausbildungsabbrüchen entsprechend begegnet werden (vgl. BMFSFJ 2019, S. 19).

---

[2] Innerhalb dieser Arbeit wird die Bezeichnung Auszubildende verwendet, da dadurch der Schwerpunkt auf die Tätigkeit gelegt wird und eine geschlechtsneutrale Formulierung ermöglicht wird. Das Krankenpflegegesetz von 2003 (vgl. §11) bezeichnet die Auszubildenden als Schülerinnen und Schüler.

Eine Sensibilisierung des in der Ausbildung tätigen Personals, speziell der Praxisanleitenden sowie eine erstrebenswerte praktische Ausbildungssituation, werden als notwendig erachtet (vgl. ebd., S. 20). Den Praxisanleitenden wird auch im Sinne eines Mentorings eine besondere Bedeutung zur Bindung der Auszubildenden an die Organisation zugeschrieben (vgl. Loffing/Loffing 2010, S. 103). Außerdem kommt es bereits darauf an, erste Anzeichen für einen drohenden Ausbildungsabbruch zu erkennen (vgl. Barbian/van der Loo 2011, S. 100).

1.2 Themeneingrenzung und Forschungslücke

Derzeit existieren im Bereich der pflegerischen Ausbildungen drei dreijährige Ausbildungsberufe: die Gesundheits- und Krankenpflege, die Gesundheits- und Kinderkrankenpflege und die Altenpflege (vgl. Menche 2014, S. 22). Jede dieser Ausbildungen wird sowohl durch ein eigenes Ausbildungsgesetz geregelt als auch durch die dazugehörigen Ausbildungs- und Prüfungsverordnungen (vgl. ebd.). Dementsprechend groß ist der Ausbildungsmarkt in diesem Bereich. Im Jahr 2016 haben sich ca. 63.200 Auszubildende in den pflegerischen Ausbildungen befunden (vgl. Statistisches Bundesamt 2018, o. S.). Jedoch sind alle drei Ausbildungsgänge seit dem 1. Januar 2020 einer gesetzlichen Neuerung unterzogen und in einem Ausbildungsberuf zusammengefasst (vgl. Kap. 2.1.2). Innerhalb dieser Arbeit

wird ausschließlich auf die Gesundheits- und Krankenpflegeausbildung abgestellt, da sie den größten Teil an Auszubildenden ausmacht (vgl. Blum et al. 2019, S. 32). Die weitere thematische Eingrenzung auf den Lernort Praxis[3] begründet sich zum einen in der Studie von Wibke Barbian
und Christoph van der Loo (vgl. 2011, S. 8) sowie der Untersuchung durch Ver.di (vgl. 2015, S. 11), die diesen Teil
der Ausbildung als unter anderem ursächlich für ein Ab-
bruchgeschehen und qualitativ schlechter bewertet markiert haben. Zum anderen soll die Konstatierung Deuers
(vgl. 2015, S. 105), dass besonders für die betriebliche
Seite Möglichkeiten bestehen, um Ausbildungsabbrüche
zu verhindern, als Begründung an dieser Stelle stehen. Innerhalb dieser Arbeit wird daher die Qualität der praktischen Ausbildung als essenziell und potenziell veränderbar angesehen und daher thematisch aufgegriffen. Darüber hinaus ist innerhalb der praktischen Ausbildung der
größere Stundenanteil verankert (vgl. Kap. 2.1.2), so dass
die Auszubildenden hier grundsätzlich mehr Ausbildungszeit absolvieren. Als gesetzliche Grundlage gilt innerhalb
dieser Arbeit das Krankenpflegegesetz (KrPflG) von 2003,

---

[3] Die Bezeichnung „Lernort Praxis" meint innerhalb dieser Arbeit die gesetzlich geregelten praktischen Einsatzzeiten- und Orte der Auszubildenden. Neben der theoretischen Ausbildung an den Pflegeschulen, ist
die betriebliche Ausbildung der zweite Lernort (vgl. Schneider 2005, S.
392). Dieser Begriff wird innerhalb dieser Arbeit ausschließlich verwendet werden.

da bisher in der Organisation der Autorin, in welcher ebenfalls die Interviews durchgeführt wurden, die Ausbildung nach dem neuen Pflegeberufegesetz (PflBG) (vgl. 2.1.2) noch nicht begonnen hat.

Empirische Arbeiten mit der Verzahnung der Themen „Ausbildung" und „organisationales Lernen" konnten während der Literaturrecherche für dieser Arbeit lediglich für den Bereich des Berufsbildungsgesetzes (BBIG) extrahiert werden. Exemplarisch soll an dieser Stelle auf die Ergebnisse aus einem mehrjährigem internationalen Forschungsprojekt verwiesen werden, welches Organisationen auf dem Weg zur lernenden Organisation begleitete (vgl. Röben 2006, S. 1ff.). Literatur, die sich explizit mit der Organisationsentwicklung von Krankenhäusern befasst, oder diese Organisationen als lernende Organisation fokussiert, konnte nur vereinzelt aufgefunden werden. Zu den wenigen Suchergebnissen zählen hier u. a. die Arbeiten von Borsi (2000) sowie Grossmann und Lobnig (2013). Die Suche nach Literatur und Untersuchungen erzielte, auch unter der Verwendung heterogener Suchbegriffe und unterschiedlicher Operatoren wie „lernende Krankenhäuser", „lernen in Krankenhäusern", „organisationales Lernen von Krankenhäusern", nur wenige Treffer. Gesucht wurde hier über Portale wie Base, dem Fachportal Pädagogik, Google Scholar, der Literaturdatenbank des Deutschen Instituts für

Erwachsenenbildung, Researchgate und multiplen Biblio-thekskatalogen - auch online. Arbeiten, welche einen orga-nisationalen Aspekt fokussieren oder organisationspäda-gogische Schwerpunkte setzen und zudem die praktische Gesundheits- und Krankenpflegeausbildung fokussieren, konnten für diesen speziellen Bereich nicht explizit extra-hiert werden. Eine Bewertung der praktischen Ausbil-dungsqualität ist im Ausbildungsreport der Pflegeberufe (vgl. Ver.di 2015, S. 10ff.) dargestellt. Der Bereich der Aus-bildungsqualität ist besonders im Rahmen des Berufsbil-dungsgesetzes (BBIG) gut untersucht. Hierzu existieren bereits zahlreiche Einzelprojekte (vgl. Bundesinstitut für Berufsbildung 2015, S. 63ff.). Für den Bereich der Alten-pflegeausbildung gibt es ebenfalls ein Qualitätsentwick-lungsprojekt (vgl. ebd., S. 64). Für den Bereich der Ge-sundheits- und Krankenpflegeausbildung erscheint dies je-doch nicht so. Auch das Thema Ausbildungsabbrüche er-fährt aus Forschungsperspektive grundsätzlich wenig Be-achtung (vgl. Schiffer 2014, S. 47). Somit soll diese Arbeit die Seite der praktischen Berufsausbildung in der Gesund-heits- und Krankenpflege mit der Seite des organisationa-len Lernens im Bereich der praktischen Ausbildungsquali-tät verbinden und dadurch einen Beitrag zum Schluss der Forschungslücke in diesem Bereich leisten.

1.3 Zielsetzung und Forschungsfrage

Die Abbruchsituation der Auszubildenden in der Pflege, die sich, wie einleitend dargestellt, oftmals in der praktischen Ausbildungssituation begründen lässt (vgl. Kap. 2.2.2), sind der Anlass dieser Arbeit. Das Pflegepotential, welches durch erfolgreich examinierte Pflegende entsteht (vgl. Kap. 1.1), sowie die Dringlichkeit dieses Potentials zur Kompensation des Fachkräftemangels, untermauern dabei die nötige Untersuchung. Das Ziel dieses Forschungsvorhabens ist es daher, mit Hilfe einer qualitativen empirischen Untersuchung, mögliche Vorgehen, Verfahren und Wege, sowie Ressourcen für die Gestaltung, Durchführung und die Organisation der praktischen Ausbildung zu identifizieren, mit denen es in der Folge gelänge, die praktische Ausbildungssituation qualitativ zu verbessern. Über diesen Weg könnten dann bestenfalls die Ausbildungsabbrüche, welche sich durch die praktische Ausbildung begründen lassen, reduziert werden, da dies als einer der Hauptgründe für einen Ausbildungsabbruch identifiziert wurde (vgl. Kap. 2.2.2). Intensional steht auf diesem Weg die Bindung der Auszubildenden an die Organisation im Mittelpunkt. Der Fokus liegt dabei bei der Bindung bereits während der Ausbildung. Die zugrunde liegende Forschungsfrage lautet daher:

Inwiefern kann der Lernort Praxis durch organisationale Lernprozesse Möglichkeiten und Ressourcen generieren, um Ausbildungsabbrüche in der Gesundheits- und Krankenpflege zu verringern?

Fokussiert werden daher innerhalb dieser Arbeit organisationale Strukturen und Prozesse, sowie deren Veränderungsmöglichkeiten für den Bereich der praktischen Ausbildungsqualität. Dass Lernprozesse besonders organisationale Strukturen und Prozesse betreffen können, wird von Franken und Franken (vgl. 2011, S. 160) explizit konstatiert. Überdies sollen ebenso die Mitarbeitenden der Organisation in die Lernprozesse eingebunden werden, da sie die Lernträger darstellen (vgl. ebd., S. 161). Die forschungsleitende Frage soll dazu mit Hilfe von Experteninterviews als Erhebungsmethode zunächst untersucht werden. Die Forschungsfrage wird, um einer Beantwortung zugeführt werden zu können, in fünf untersuchungsleitende Fragen übersetzt, welche im Kapitel 3.2 näher spezifiziert und ausgeführt werden. Die Beantwortung der Forschungsfrage soll schließlich durch die qualitative Inhaltsanalyse nach Mayring (2016; 2015) erfolgen. Koch (vgl. 2016, S. 33) spricht sich explizit für das Interviewen von Organisationsmitgliedern und die qualitative Inhaltsanalyse für organisationspädagogische Forschungsansätze aus. Letztlich ist es daher das Ziel dieser Arbeit, die Qualität der Ausbildung am Lernort Praxis zu verbessern, Auszubildende innerhalb der Ausbildung zu binden und Ausbildungsabbrüche auf diesem Weg zu verringern.

1.4 Aufbau dieser Arbeit

Zur theoretischen Einbettung des qualitativ empirischen Untersuchungsdesigns werden im zweiten Kapitel zunächst die notwendigen Grundlagen für die Themen „Ausbildung in der Gesundheits- und Krankenpflege, Ausbildungsabbrüche, Organisationen und organisationales Lernen, sowie der Aufbau der Organisation Krankenhaus" aufgezeigt und der Forschungsstand skizziert. Ausgehend von der geschilderten Problemlage in der Gesundheits- und Krankenpflege (vgl. Kap. 1.1) werden nachfolgend die Ausbildung, d. h. empirische Befunde hierzu, sowie die gesetzlichen Grundlagen der Ausbildung beschrieben. Weiterhin wird die Theorie zur Entstehung eines „Coolouts" vorgestellt und in diese Arbeit eingebunden, da über diese Studie Mängel und Probleme am Lernort Praxis dargestellt werden sollen. Im Anschluss wird das Phänomen des Ausbildungsabbruchs definiert und Gründe aus der Literatur exzerpiert. Zur Einbindung der Forschungsfrage dieser Arbeit werden darüber hinaus Möglichkeiten der Abbruchprävention erarbeitet und schließlich als Grundlage der Experteninterviews ein Modell zur Ausbildungsqualität eingeführt. Das Thema „Ausbildungsqualität" fungiert innerhalb dieser Arbeit als die zentrale Möglichkeit zur Verbesserung der praktischen Ausbildung.

Anschließend erfolgt die Betrachtung der theoretischen Grundlagen des organisationalen Lernens, sowie die

23

Vorstellung ausgewählter Ansätze, um nachfolgend die theoretischen Grundlagen zur Organisation Krankenhaus sowie deren Übertragung auf diese nicht-pädagogische Organisation darstellen zu können. Das empirische Vorgehen für diese Arbeit wird im dritten Kapitel aufgezeigt und beschrieben. Dazu wird zunächst der Untersuchungsgegenstand nähergehend analysiert und graphisch dargestellt, zudem werden die untersuchungsleitenden Fragen konkretisiert. Anschließend wird die Methode des Experteninterviews literaturbasiert definiert und die Entwicklung des Interviewleitfadens dargelegt. Dadurch können sowohl die Erhebungsmethode als auch das Erhebungsinstrument, welche für diese Arbeit grundlegend sind, um Ergebnisse in Bezug auf die Forschungsfrage generieren zu können, transparent aufgezeigt werden. Es folgt die Beschreibung der Datenerhebung und -auswertung, die Ausarbeitung der Ergebnisse aus den Experteninterviews und die Beantwortung der untersuchungsleitenden Fragen. Die Ableitung ergebnisorientierter organisationaler Lernprozesse beendet das vierte Kapitel. Das fünfte Kapitel beginnt mit der Beantwortung der Forschungsfrage dieser Arbeit, diskutiert die Ergebnisse und reflektiert kritisch das Forschungsdesign. Die Arbeit endet mit einem Ausblick.

2 Theoretische Grundlagen und Forschungsstand

Die Ausbildungssituation kann grundsätzlich aus mehreren Blickwinkeln betrachtet werden und bietet somit divergierende Möglichkeiten zur Verbesserung. Dies ergibt sich bereits aus den beiden Lernorten der Gesundheits- und Krankenpflegeausbildung. Ein Überblick über bisherige Arbeiten mit dem Thema der Gesundheits- und Krankenpflegeausbildung, die Darstellung der gesetzlichen Ausbildungssituation, sowie die Übertragung organisationaler Lernkonzepte auf ein Krankenhaus, werden nachfolgend das zentrale Anliegen der folgenden Kapitel sein.

2.1 Die Gesundheits- und Krankenpflegeausbildung

Die Pflege ist ein Berufsbild, welches für die gesamte Gesellschaft einen enormen Stellenwert hat (vgl. Menche 2019, S. 1482). Dabei war für die Ausübung des Pflegeberufs nicht von je her eine Ausbildung notwendig. Dies ist eine Entwicklung, welche sich erst im späteren 19. Jahrhundert vollzog (vgl. ebd., S. 1483). Nach mehreren gesetzlichen Novellierungen, zuletzt am 01. Januar 2020, existiert heute eine dreijährige Ausbildung, die auf einem wissenschaftlichen Verständnis aufbaut (vgl. ebd., S. 1485-1487). Die neue Ausbildung wird fortan als generalistische Ausbildung bezeichnet (vgl. Mamerow 2018, S. 37). Mit dem Pflegeberufegesetz strukturiert sich zum einen die Ausbildung völlig anders und zum anderen soll die Zahl der

Auszubildenden erhöht werden (vgl. BMFSFJ 2019, S. 7). Das Gesetz bewirkt eine Zusammenführung der bisher gesetzlich eigenständig geregelten Gesundheitsfachberufe der Gesundheits- und Krankenpflege, der Gesundheits- und Kinderkrankenpflege sowie Altenpflege und regelt ebenfalls die Berufsbezeichnung neu (vgl. PflBG, §1). Die neue Berufsbezeichnung wird demnach in Pflegefachfrau/Pflegefachmann geändert (vgl. ebd.). Prospektiv kann nicht beurteilt werden, inwiefern die geplanten Maßnahmen greifen und reell zu einer Verbesserung der Situation führen werden. Hierfür hat sich die Bundesregierung Evaluationszeiträume gesetzt, um die generalistische Pflegeausbildung zu überprüfen (vgl. Deutscher Bundestag 2019, S. 7). Mittlerweile existieren zahlreiche Arbeiten und Veröffentlichungen, welche sich mit dem Berufsbild, seinen Rahmenbedingungen für die Mitarbeitenden und mit der Ausbildung befasst haben. Ein Überblick über den bisherigen Forschungsstand der Gesundheits- und Krankenpflegeausbildung in der Pflege wird nachfolgend komprimiert dargestellt.

2.1.1 Befunde zur Gesundheits- und Krankenpflegeausbildung

Wie in Kapitel 1.1 dargelegt, gibt keine zentralen Befunde zur Ausbildung in der Gesundheits- und Krankenpflege. Einzelbefunde lassen sich aus diversen Studien und

Untersuchungen, welche meist einzelne Krankenhäuser oder Bundesländer fokussieren, entnehmen. Exemplarisch kann hier die Landesberichterstattung NRW, des Ministeriums für Arbeit, Gesundheit und Soziales (2019), für eine globale Untersuchung der Lage in den Pflegeberufen stehen. Ein Überblick über bisherige empirische Arbeiten, welche sich explizit mit der Ausbildung in diesem Bereich befassen, gelingt über Schiffer (vgl. 2014 S. 33-36). Auffallend ist, dass besonders die Situation der praktischen Ausbildung fortwährend als wichtiger Faktor für Ausbildungsabbrüche konstatiert wird (vgl. Ver.di 2015, S. 48). Aus einer Studie zur Pflegeausbildung in Deutschland lässt sich entnehmen, dass die Auszubildendenzahlen eher rückläufig sind (vgl. Deutsches Institut für angewandte Pflegeforschung, 2006, S. 9). Die veränderten strukturellen Bedingungen, wie Personalabbau bei gleichzeitig höherem Patientenaufkommen, haben ebenfalls Auswirkungen auf die Ausbildung der angehenden Pflegefachkräfte (vgl. Ver.di 2015, S. 47). Kennzeichnend für die Situation in der Pflegeausbildung erscheint daher eine im Jahr 2015 von Ver.di durchgeführte Befragung. Aus ihr ergibt sich, dass die Auszubildenden der Pflege nur zu 58,5 % mit ihrer Ausbildung zufrieden sind und ein Hauptgrund für eine bestehende Unzufriedenheit in den Arbeitsbedingungen im Krankenhaus zu sehen ist (vgl. Ver.di 2015, S. 10). Eine empirische Arbeit, welche sich explizit mit den Gründen und der Genese der Ausbildungsabbrüche in der Gesundheits- und Krankenpflege befasst hat, ist die von Barbian und van der Loo (2011). Sie konstatieren, dass Ausbildungsabbrüche grundsätzlich ein Prozess sind und bereits Anzeichen früh erkannt werden sollten (vgl. ebd., S. 89). Als ein mögliches Anzeichen haben sie Probleme in der praktischen Ausbildung festgestellt (vgl. ebd.). Als zentrales Ereignis im Prozess des Ausbildungsabbruchgeschehens konnten sie das Erleben von „Druck" feststellen (vgl. ebd., S. 91). Ein online Fachportal für Pflegeberufe publiziert Zahlen zu den Abbruchquoten für die Hansestadt Hamburg und spricht von Quoten von 16,3 % für die Gesundheits- und Krankenpflege (vgl. Bibliomed Pflege 2018, o. S.). Neben der Nextstudie (vgl. Kap. 1.1) und der Untersuchung durch Ver.di (vgl. Kap. 1.1) lassen sich einige wenige gesundheits- und krankenpflegepflegespezifische Arbeiten finden, welche explizit die Berufsausbildung oder die praktische Ausbildungssituation fokussieren. Exemplarisch sollen hier die Dissertation von Winter (2019), welche die emotionalen Herausforderungen in der praktischen Ausbildung untersucht hat und die Dissertation von Schiffer (2014), welche den Ausbildungserfolg in der Pflege als multidimensionales Konstrukt untersucht hat, genannt werden. Als für diese Arbeit zentral soll die Dissertationsarbeit von Kersting (2016a) gelten, in welcher Sie unterschiedliche Reaktionsweisen der Auszubildenden in der Gesundheits- und

Krankenpflege im Umgang mit einem täglichen moralischen Konflikt, der durch normative und strukturelle An-
sprüche entsteht, erarbeitete. Ein Überblick zu weiteren
Studien, welche die Belastung, sowie die Praxissituation in
der Gesundheits- und Krankenpflegeausbildung thematisieren, gelingt über Allmacher und Stähling (vgl. 2019, S.
44).

2.1.2 Die gesetzlichen Grundlagen: Der Sollzustand der Pflegeausbildung

Anders als Berufsausbildungen innerhalb des dualen Sys-
tems, welche nach dem BBIG geregelt sind (vgl. BBIG
2005), unterliegt die Ausbildung in der Gesundheits- und
Krankenpflege einem eigenständigen Ausbildungsgesetz,
sowie einer eigenen Ausbildungs- und Prüfungsverordnung (vgl. Schneider 2005, S. 393). Durch die Neuregelung
der Pflegeausbildung im Gesetz über die Pflegeberufe von
2017, bestehen hier zudem seit dem 1. Januar 2020 zwei
Ausbildungsgesetze mit ihren jeweiligen Ausbildungs- und
Prüfungsverordnungen parallel, denn die Ausbildung
konnte bis Ende 2019 noch nach dem KrPflG von 2003 be-
ginnen, so dass die letzten Prüfungen nach diesem Gesetz
erst im Jahr 2022 abgelegt werden. Aufgrund der thematischen Eingrenzung dieser Arbeit, werden sich alle nachfolgenden Ausführungen auf das Krankenpflegegesetz von
2003 beziehen.

Mit der Änderung des Berufsgesetzes im Jahr 2003, welches am 1. Januar 2004 in Kraft trat, ging eine äußerst prägnante Änderung einher - die veränderte Berufsbezeichnung. Die bisherigen Krankenschwestern und Krankenpfleger wurden ab dato zu Gesundheits- und Krankenpflegerinnen / Gesundheits- und Krankenpflegern ausgebildet (vgl. KrPflG 2003, § 1). Diese veränderte Bezeichnung sollte vor allem eine Neuausrichtung des Fokus intendieren, weg von einer krankheitszentrierten Sicht hin zu einer gesundheitserhaltenden. Das Pflegeparadigma erweiterte somit seine Kompetenzen in den Bereich der Gesundheitsförderung (vgl. Menche 2014, S. 30). Per Gesetz wurden weiterhin pflegespezifische Tätigkeiten, welche eigenverantwortlich vom examinierten Personal auszuführen sind, definiert (vgl. KrPflG 2003, § 3, Abs. 2). Das für die Praxisanleitung[4] zuständige Personal muss sichergestellt sein (vgl. ebd., § 4) und die praktische Ausbildung so gestalten, dass die Ziele der Ausbildung erreicht werden können (vgl. ebd., § 15). Bereits in diesen Gesetzesstellen lässt sich ein Rückschluss auf die Mitwirkungspflicht des Lernorts Praxis ziehen. Jedoch sieht Schneider (vgl. 2005, S. 406) das Prinzip der Praxisbegleitung und Praxisanleitung zur Verbesserung der Ausbildungsqualität skeptisch.

---

[4] „Unter Praxisanleitung werden geplante und zielgerichtete Aktivitäten verstanden, in der Lernende im jeweiligen Einsatzort von Praxisanleiterinnen an pflegerisches Handeln herangeführt werden." (Deutscher Bildungsrat für Pflegeberufe, 2017, S. 12f.)

Insgesamt müssen laut Ausbildungs- und Prüfungsverordnung für die Berufe in der Krankenpflege (KrPflAPrV) während der Ausbildung 2500 Praxisstunden abgeleistet werden (vgl. KrpflAPrV 2003, § 1). Diese müssen, an Krankenhäusern, in ambulanten Pflegeeinrichtungen, stationären
Pflegeeinrichtungen oder Rehabilitationskliniken absolviert
werden (vgl. KrPflG 2003, § 4, Abs. 2). Überdies sieht die
Ausbildung eine Differenzierungsphase von 1200 Stunden
vor, welche sowohl für den theoretischen Unterricht gilt als
auch für die praktischen Einsätze (vgl. KrPflAPrV 2003, §1,
Abs. 1). Zudem müssen 800 Stunden in Bereichen wie
u. a. der Inneren Medizin, Neurologie und Chirurgie und
500 Stunden in der ambulanten Pflege absolviert werden
(vgl. ebd., Anlage 1 zu §1, Abs. 1). Dies bedeutet gleichzeitig, dass die Auszubildenden über den Verlauf ihrer Ausbildung mit divergierenden Fachbereichen und Teams konfrontiert werden. Somit werden die Auszubildenden in jedem Praxiseinsatz eine neue Umgebung, ggf. auch neue
Krankenhäuser (z. B. durch Kooperationen) kennenlernen.
Den Aspekt des häufigen Wechselns der praktischen Aus-
bildungsorte betonen Allmacher und Stähling (vgl. 2019, S.
16) explizit. Der Blockunterricht in der Schule wechselt sich
mit den Praxiseinsätzen ab. Diese Aufteilung der Ausbildung entspricht demnach einem reziproken Ansatz eines
dualen Ausbildungssystems (vgl. Hofmann 2011, S. 29).
Hier besteht somit eine Parallele zum Berufsbildungs-

gesetz, welches ebenfalls zwei Lernorte unterscheidet (vgl. BBIG 2005, § 2).

Die theoretische Ausbildung findet an Schulen des Gesundheitswesens bzw. Krankenpflegeschulen statt (vgl. Schneider 2005, S. 404). Diese Schulen sind oftmals den Krankenhäusern, und somit Trägern der praktischen Ausbildung, angegliedert (vgl. Kraus 2005, S. 6). Die Pflegeschulen gelten dabei als Gesamtverantwortliche für die Ausbildung (vgl. KrPflG 2003, §4, Abs. 5). Schneider (vgl. 2005, S. 399f.) thematisiert die gesetzlichen Besonderheiten der Schulen in der Gesundheits- und Krankenpflegeausbildung und hebt ihre Zwitterstellung im Schulrecht hervor. Der Status quo wird demnach gesetzlich durch das Krankenpflegegesetz geregelt und durch die Ausbildungs- und Prüfungsverordnung weiterführend ausgeführt. Die Auszubildenden sollen von theoretischer Seite auf ihre pflegepraktischen Tätigkeiten mit allem nötigen Wissen ausgestattet werden. Daher kennzeichnet dreijährig examinierte Pflegekräfte, dass sie in der Lage sind „[...] alltäglich vorkommende Pflegesituationen nach standesüblichen Verfahrensweisen zu gestalten" (Menche 2014, S. 10). Dabei soll explizit betont werden, dass der Pflegeberuf nicht von jedem ausgeübt werden kann. Hier muss eine Trennlinie zur Laienpflege gezogen werden (vgl. Menche 2019, S. 1489). Die Grundsteinlegung zur Ausrichtung des professionellen pflegerischen Handelns findet bereits auf theoretischer Seite mit dem Themenbereich 7[5] statt. Die Formulierung „Pflegehandeln an Qualitätskriterien und rechtlichen Rahmenbestimmungen sowie wirtschaftlichen und ökologischen Prinzipien ausrichten" (KrPflAPrV 2003, Anlage 1 zu § 1 Abs. 1), zeigt die wirtschaftliche und ökologische Ausrichtungsprämisse, welche sich in das spätere Berufsleben fortzieht. Praktische Bedeutung erfährt dieser Themenbereich in den implementierten Qualitätsmanagementsystemen, wirtschaftlichem Denken und Handeln sowie bestehenden rechtlichen Bestimmungen und ökologischen Grundsätzen (vgl. Herrgesell 2007, S. 2). Bezugnehmend auf gesundheitsökonomische Aspekte, könnten bereits hier erste Differenzen sichtbar werden, die sich dann, im Rahmen der praktischen Ausbildung, weiter manifestieren. Die pflegerische Behandlung unterliegt wirtschaftlichen Aspekten, welche minimal eingesetzt, zu maximalen Ergebnissen führen sollen. Dieses Prinzip wird mit dem Begriff „Effizienz" bezeichnet (vgl. Fleßa/Greiner 2013, S. 2). Die eingesetzten Ressourcen müssen demnach möglichst effektiv eingesetzt werden (vgl. Trambacz 2016, S. 52). Die Auszubildenden sollen ihr pflegerisches Handeln an wirtschaftlichen und ökonomischen Prinzipen ausrichten.

---

[5] Insgesamt existieren 12 Themenbereiche in der Gesundheits- und Krankenpflegeausbildung; ein Überblick gelingt über die Ausbildungs- und Prüfungsverordnung für die Berufe in der Krankenpflege (vgl. KrPflAprV 2003, Anlage 1).

Dabei sollen überdies die Qualitätsansprüche einer evidenzbasierten Pflege beachtet werden.

Die praktische Ausbildung findet auf den Stationen in den Krankenhäusern und bei entsprechenden Kooperationspartnern statt (vgl. KrPflG 2003, § 4, Abs. 2). Weitere, für diese Arbeit, wegweisende Ausführungen zur praktischen Ausbildung sind in der entsprechenden Ausbildungs- und Prüfungsverordnung (KrPflAPrV) festgehalten. Dazu zählt, dass die Praxisanleitung durch geeignete Fachkräfte mit 200 stündiger berufspädagogischer Weiterbildung durch die praktischen Einsatzorte sicherzustellen ist, sowie ein ausbildungsstandentsprechendes Heranführen an die beruflichen Tätigkeiten erfolgen soll (vgl. KrPflAPrV 2003, § 2, Abs. 2). Allmacher und Stähling (vgl. 2019, S. 9) arbeiten in diesem Zusammenhang die Bedeutung aller examinierten Pflegenden für die praktische Ausbildung heraus und beschränken die Verantwortlichkeit für die praktische Ausbildung nicht nur auf die Praxisanleitenden. Die Beziehung zwischen den Auszubildenden und den an der Ausbildung beteiligten wird von allen Seiten als wichtig empfunden (vgl. ebd., S. 143). Die Pädagogen stellen eine Begleitung für die Auszubildenden auf den Stationen sicher und stehen als Beratende für die Praxisanleitenden zur Verfügung (vgl. KrPfAPrV 2003, §2, Abs. 3). Demzufolge könnten die pädagogischen Kräfte der Pflegeschulen als Bindeglied

zwischen den zwei Lernorten gesehen werden. Richtungs-
weisend erscheint jedoch der Hinweis, dass die praktischen Einsatzorte nicht per se zum Lernen, vielmehr zum
Arbeiten, gedacht sind (vgl. Schewior-Popp 2005, S. 165).
Allerdings sollte den Auszubildenden im Rahmen ihrer
Einsätze am Lernort Praxis nicht ausschließlich eine Ar-
beitsleistung abverlangt werden (Deutscher Bildungsrat für
Pflegeberufe 2017, S. 6). Weitere Kritik, die praktischen
Ausbildungsstationen bzw. die Krankenhäuser als Lernort
im Sinne der Berufspädagogik zu bezeichnen, übt Kraus
(vgl. 2005, S. 6). Sie begründet dies über die gesetzliche
Sonderstellung der Schulen und der Stellung der Krankenhäuser innerhalb der Ausbildung (vgl. ebd.). Damit das theoretische Wissen in der Praxis überhaupt zur Anwendung
kommen kann, bedarf es einer gezielten Organisationsstruktur, welche das Erreichen der Ausbildungsziele unterstützt und ermöglicht (vgl. Schneider 2005, S. 407). Diese
Problematik nimmt Kersting (vgl. u. a. 2016a) in ihrer Untersuchung auf und stellt damit die problematische Stellung
der Auszubildenden in den Vordergrund. Ihre Untersuchung soll innerhalb dieser Arbeit zur Darstellung des Ist-
Zustandes am Lernort Praxis genutzt werden, da sie zum
einen die praktische Arbeits- und Ausbildungssituation untersucht hat und zum anderen entsprechende Befunde zur
weiteren Handlungsfähigkeit der Betroffenen in der Pflege

entwickelt hat. Dadurch kann ein unmittelbarer Bezugs-
punkt zum Lernort Praxis herstellt werden.

2.1.3 Coolout: Der Istzustand am Lernort Praxis

Die Studie Kerstings baut auf ein Forschungsprojekt auf, in
welchem mit Kindern, Jugendlichen sowie jungen Erwach-
senen Untersuchungen zu deren Reaktionen auf moralische Konfliktsituationen durchgeführt wurden (vgl. Kersting
2016a, S. 15). Im Jahr 1996 führte sie dann eine solche
Untersuchung bei Auszubildenden der Gesundheits- und
Krankenpflege, später auch mit examinierten Pflegekräften
durch (vgl. ebd.). Weiterführend erweiterte Sie ihren Pro-
bandkreis auf in der Lehre tätiges Personal- vom Lehren-
den bis zu den Praxisanleitenden (vgl. Kersting 2016b). Initial interviewte Kersting 30 Auszubildende (zehn eines je-
den Ausbildungsjahres) unterschiedlichen Alters und Bil-
dungsniveaus, wobei elf Auszubildende 1,5 Jahre nach
dem Examen erneut befragt wurden (vgl. Kersting 2016a,
S. 94). Jedem Teilnehmenden wurde zu Beginn der Interviews das gleiche Fallbeispiel vorgelegt, welches einen typischen pflegerischen Alltag skizzierte, sowie die inhärente
(moralische) Konfliktsituation-Patientenorientierung als
Norm auf der einen Seite und beruflicher Alltag und seine
strukturellen Gegebenheiten und Begrenzungen auf der
anderen Seite (vgl. ebd., S. 95). Nachdem durch Folgestu-
dien insgesamt 209 Teilnehmende interviewt wurden,

konnten keine neuen Reaktionsweisen festgestellt werden, was allerdings trotzdem nicht den Anspruch auf eine vollständige Auflistung markieren soll (vgl. ebd., S. 95f.). Grundlegend zeigt Kersting in ihrer Untersuchung auf, wie professionelle Pflege sein sollte. Dies speist sich zum einen aus gesetzlichen Texten, welche Kompetenzen die Auszubildenden erlernen sollen, und zum anderen aus verschiedenen Pflegetheorien (vgl. Kersting 2017, S. 22). Es wird betont, dass von theoretischer Seite ein professionelles Verständnis für den Patienten sowie seine notwendige Pflege initiiert werden soll (vgl. Kersting 2016a, S. 30). Weiterhin berücksichtigt die Untersuchung das, was als „Patientenorientierung" unter Pflegekräften bekannt ist (vgl. ebd., S. 27). Eine Orientierung am Patienten beinhaltet dabei einen kommunikativen Akt, in dem die Pflegenden die Anliegen, Defizite und Ressourcen der Betroffenen erkennen und in entsprechend geplante Maßnahmen umsetzen (vgl. Menche 2014, S. 11). Das Problem stellt sich dann für die Auszubildenden im Rahmen ihrer praktischen Einsätze dar. Sie stellen schnell fest, dass das, was ihnen am Lernort Schule beigebracht worden ist, am Lernort Praxis so nicht unmittelbar umzusetzen ist. Dabei betont Kersting (vgl. 2015, S 260), dass die Bearbeitung des Widerspruchs - zwischen Theorie und Praxis - nur gelingt, wenn diese beiden Pole als miteinander verbunden gelten. Auf den Stationen der praktischen Ausbildung geht es primär um die Versorgung der Patienten und erst durch die gesetzlich geregelten praktischen Ausbildungszeiten wird dieser ebenfalls zu einem Lernort (vgl. Schewior-Popp 2005, S. 165). Pflege als Beruf, welcher grundsätzlich praktische Tätigkeiten intendiert, kann auf diesem Wege in der Realität, gewissermaßen am Objekt selbst, erlernt werden (vgl. ebd.). Aber eben diese Realität divergiert stark von dem erlernten Schulwissen, dem „WIE" pflege ich fachlich korrekt. Zudem ist der Lernort Praxis durch ein breites Aufgabenspektrum gekennzeichnet (vgl. Agnes-Karl-Gesellschaft 2019, S. 6). Dies macht die Forderung an die Auszubildenden nach einer schnellen Arbeitsweise (vgl. Kersting 2016a, S. 32) zunächst plausibel, spiegelt aber bereits den immanenten Widerspruch zwischen Sollen und Sein wider. Eine Pflege, welche sich durch Patientenorientierung auszeichnet, ist nach Kersting (vgl. 2017, S. 23) unter den vorherrschenden Rahmenbedingungen nicht umsetzbar. Täglich balancieren demnach alle an der Pflege beteiligten Personen, examinierte Pflegekräfte, aber auch alle Auszubildenden in der Pflege, zwischen einem eigentlich notwendigen Sollzustand und der Realität.

Abb. 1: Eigene Darstellung des täglichen Balanceaktes

Der Hauptfaktor, als Gelenk der symbolisch dargestellten Wippe, ist somit der Faktor Zeit (vgl. Kersting 2016a, S. 18). Der grundlegende Widerspruch speist sich aus den Missverhältnissen von Zeit, fortschreitender Verwissenschaftlichung des Berufs und den finanziellen Mitteln des Gesundheitssystems selbst und beinhaltet Konflikte auf moralischer[6] Ebene (vgl. ebd., S. 19). Dieser Umstand ist erstmal nicht veränderbar. Kersting (vgl. 2016c, S. 2) diagnostiziert aus diesem Umstand allen in den Pflegeberufen tätigen einen permanenten Zwiespalt für ihre berufliche Praxis. Dieser Zwiespalt forciert jedoch fortführend die Manifestation einer sogenannten „Bürgerliche[n] Kälte [...] (Kersting 2011, S. 92). „Sich *'kalt machen'* befähige die

---

[6] Moral wird übersetzt als: „Summe der Normen für die einzelnen Mitglieder einer Gemeinschaft oder einer Gruppe von Menschen." (Menche 2019, S. 1434)

Menschen, überhaupt im widersprüchlichen Alltag bestehen zu können" (Kersting 1999, S. 59). Mit dem Begriff des
„Coolouts" kann der „[...] Prozess einer moralischen Desensibilisierung in der Pflege" (Kersting 2016c, S. 1) offen-
gelegt werden. Den Grundsatz der bürgerlichen Kälte, ent-
nahm Kersting dabei aus Theorien Theodor W. Adornos,
Max Horkheimer und Andreas Gruschka und adaptierte
diese für ihre eigene Untersuchung und Theoriebildung
(vgl. Kersting 2016a, S. 45). Hierbei geht es um das Prinzip
wie es Menschen gelingen kann mit den Diskrepanzen (im
Falle der Pflege das eigentliche „WIE" gepflegt werden
sollte und den strukturell und ökonomisch bedingten reel-
len Möglichkeiten) im beruflichen Alltag umzugehen. Nach
Kersting (vgl. 2017, S. 24) lernen dies die Auszubildenden
in der Pflege bereits in frühen Berufsjahren. Dabei entwickelt jeder individuelle Muster, die einen beruflichen Verbleib unter den Bedingungen, wohlweislich nicht korrekt arbeiten zu können, ermöglichen (vgl. ebd.). „Die Deutungen
beziehungsweise Reaktionsmuster haben eine Schutz-
funktion [...], und weil sie hinreichend schützen, stabilisie-
ren sie zugleich die bestehenden Verhältnisse" (ebd.). Es
scheint, als würde sich nun ein „Circulus vitiosus" entwickeln, der zum einen aus dem eigentlichen Widerspruch
gespeist wird und zum anderen das ganze System erst auf-
rechterhält.

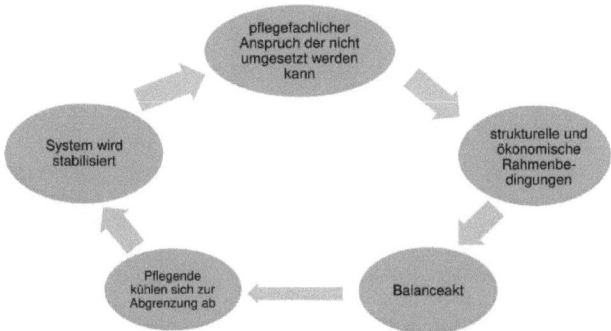

Abb. 2: Eigene Darstellung des „Circulus vitiosus"

Dass durch individuelle Deutungen von Situationen und Er-
lebnissen erst ein Gefühl von Stabilität entstehen kann (vgl.
Arnold 2010, S. 63), ist bekannt. Menschen entwickeln im
Laufe ihres Lebens individuelle Mechanismen, welche sowohl im Alltag entstehen als auch verändert werden (vgl.
ebd.). Im Rahmen erwachsenenpädagogischer Diskurse
sind diese Deutungsmuster nicht neu (vgl. ebd.). Auch die
Wahrnehmung des dargestellten Konflikts muss insofern
von bereits vorhandenen Deutungsmustern des Individu-
ums geprägt werden. Dies lässt sich bereits aus dem folgendem Zitat herleiten: „Wir haben also seinerzeit untersucht, wie Menschen auf Kälte reagieren, wie sie die dilem-
matischen Situationen im Alltag so für sich deuten, dass
sie damit bestehen und handlungsfähig bleiben können"
(Kersting 2011, S. 92f.). Diese Deutungen scheinen den
Berufsalltag der Auszubilden erst viabel werden zu lassen.

Kersting (vgl. 2016a, S. 127) benennt dies mit Reaktions-
mustern oder Deutungsmustern, die die individuelle Handhabung des Widerspruchs darstellen. Durch sie wird die
Konfliktbearbeitung der Auszubildenden erkennbar (vgl.
Kersting 2016a, S. 128). Durch ihre Studie mit den Auszubildenden der Pflege, konnten insgesamt zwölf Reaktionsmuster ermittelt werden (vgl. ebd., S. 133). Grundlegend
divergieren diese individuellen Muster bei der Frage inwieweit die widersprüchliche Praxis im Bezug zum Gelernten
(überhaupt) als solche wahrgenommen wird (vgl. ebd., S.
134). Das erste Reaktionsmuster nimmt den Widerspruch
nicht wahr (vgl. ebd., S. 136). Das zweite Reaktionsmuster
ahnt indessen nur den Widerspruch (vgl. ebd., S. 142) und
die Reaktionsmuster drei bis neun nehmen ihn wahr, lösen
ihn jedoch divergierend auf, bzw. sehen ihn als unverän-
derbar an (vgl. ebd., S. 145-195). Jedes Reaktionsmuster
kann weiterführend durch spezifische Merkmale im Umgang mit dem Dilemma selbst und seinen individuell inhärenten Lösungsstrategien für das Dilemma charakterisiert
werden (vgl. ebd., S. 135f.). Dies wird als „Verdichtungs-
typ" bezeichnet (vgl. ebd., S. 136). Die Reaktionsmuster
erscheinen innerhalb der Merkmale und Lösungsstrategien
äußerst heterogen. Auszubildende entwickeln in Abhängigkeit zum Reaktionsmuster ihre individuelle Lösungs-
möglichkeit. Innerhalb des Reaktionsmusters 5c, dem fall-
weisen Aussteigen, verweist Kersting (vgl. ebd., S. 168)

explizit auf die Möglichkeit einer Kündigung als Lösung. Dies könnte als Hinweis gewertet werden, dass ein Coolout eben nicht nur den Verbleib in der Ausbildung erklärt, sondern allenfalls eine individuelle Lösungsstrategie darstellt, die in der Folge ebenso einen Ausbildungsabbruch begünstigen kann. So werden innerhalb des Reaktionsmusters 3a Befürchtungen und Ängste, sich gegen das System zu stellen, als Handlungsleitend charakterisiert (vgl. ebd., S. 148). In Anschluss an die Darstellung der Prozesshaftigkeit eines Ausbildungsabbruchs von Barbian und van der Loo (vgl. 2011, S. 9), könnten solche Erfahrungen durchaus als Pertubation[7] verstanden werden, die im Nachgang eine Fortführung der Ausbildung als unmöglich erscheinen lassen. Gerrig und Zimbardo (vgl. 2008, S. 519) halten zur Emotion Angst fest, dass diese ein sehr starkes Gefühl ist. Emotionen sind neurobiologisch verankert und entstehen im Bereich der Amygdala (vgl. Roth 2019, S. 89). Ausgelöst werden sie durch individuelle Wahrnehmungen sowie Interpretationsleistungen, bei-spielsweise in bestimmten Situationen (vgl. Arnold 2009, S. 64). Gleichzeitig prägen sie die Wahrnehmung entscheidend (vgl. ebd., S. 66). Kersting (vgl. 2016b, S. 284) hält einen Ausbildungsabbruch durch die negativen Erfahrungen mit dem

---

[7] „Perturbationen sind irritierende, ungewöhnliche Beobachtungen, ein Perspektivenwechsel." (Siebert o. J., o. S.) Sie ermöglichen neue Sichtweisen und haben Einfluss auf die individuellen Deutungsmuster (vgl. ebd.).

Widerspruch selbst für möglich. Indessen verweist Burkhardt (vgl. 2019, S. 25) auf den eingeschränkten Blickwinkel in der Untersuchung und konstatiert, Kersting fokussiere lediglich den Verbleib in der Ausbildung und blende die Möglichkeit eines Ausbildungsabbruchs aus. Sie fordert eine Beachtung der betrieblichen Ausbildung, um Ausbildungsabbrüchen frühzeitig begegnen zu können (vgl. ebd.). Vergleichbare Befunde zur praktischen Ausbildungssituation, mit Schwerpunkt auf den emotionalen Belastungen, generiert Winter (vgl. 2019, S. 125ff.) mit ihrer Dissertation. Die ökonomischen Zwänge wirken emotional belastend für die Auszubildenden, auch berichtet Sie von einer Auszubildenden, die nach der Ausbildung nicht in dem Beruf arbeiten möchte (vgl. ebd., S. 127). Im nächsten Kapitel werden daher die Ausbildungsabbrüche in der Gesundheits- und Krankenpflegeausbildung thematisiert.

2.2 Ausbildungsabbrüche und deren Prävention

In Anlehnung an die dargestellte Situation in der Pflege (vgl. Kap. 1.1), sowie in der Ausbildung der Gesundheits- und Krankenpflege, soll sich in diesem Kapitel zunächst einer Definition für den Begriff des „Ausbildungsabbruchs" theoretisch genähert werden. Im Anschluss wird die betriebliche Seite innerhalb der Gesundheits- und Krankenpflegeausbildung als ein Hauptgrund für Ausbildungsabbrüche herausgearbeitet, sowie Präventionsmöglichkeiten theoretisch hergeleitet. Dabei wird immer wieder auch auf Erkenntnisse und Forschungsbefunde aus dem Bereich des BBIG Bezug genommen, da Forschungen zumeist in diesem Bereich anzutreffen sind (vgl. Negrini 2016, S. 35). Da die Gesundheits- und Krankenpflege dem dualen Ausbildungssystem jedoch trotz divergierender Gesetzgebungen ähnelt (vgl. Schneider 2005, S. 397), erscheint dies als probat.

2.2.1 Ausbildungsabbrüche – Eine Definition

Nicht jeder vorzeitig gelöste Ausbildungsvertrag ist zugleich ein Ausbildungsabbruch (vgl. Bundesinstitut für Berufsbildung 2020, o. S.). Grundsätzlich sollte der Begriff „Ausbildungsabbruch" vom Begriff der „vorzeitigen Vertragslösung" unterschieden werden (vgl. Uhly 2015, S. 7). Dies ist besonders für statistische Zwecke essenziell, innerhalb derer eine vorzeitige Vertragslösung des Ausbildungsvertrages durch Aufhebung oder Kündigung definiert ist, weniger jedoch für eine reine Definition der Begrifflichkeiten (vgl. ebd., S. 12). „Bezieht man sich [*jedoch*, Anmerkung der Verfasserin] auf ein spezifisches Ausbildungsverhältnis, so ist dies mit der Vertragslösung i.d.R. auch abgebrochen [...]." (ebd.) Mit Blick auf das gesamte duale Ausbildungssystem wäre ein **Ausbildungsabbruch** im engeren Sinne demnach erst zu verzeichnen, wenn Auszubildende aus dem (dualen) Berufsausbildungssystem

komplett ausscheiden, oder die **Abschlussprüfung endgültig nicht bestehen** (vgl. ebd., S. 13). Der Begriff „Ausbildungsabbruch" wird innerhalb dieser Arbeit daher als ein übergeordneter Begriff für die spezifische Ausbildung in der Gesundheits- und Krankenpflege verwendet, dem die vorzeitige Beendigung des Ausbildungsverhältnisses, ohne Berufsabschluss, inhärent ist. Unberücksichtigt bleibt innerhalb dieses Begriffsverständnisses, ob die Auszubildenden lediglich den Ausbildungsbetrieb oder sogar den Ausbildungsberuf wechseln und im Berufsbildungssystem verbleiben, da davon ausgegangen werden muss, dass dem ursprünglichen Arbeitgeber durch den Ausbildungsabbruch ebenfalls Schäden entstehen (vgl. Schöngen 2003, S. 5; Deuer 2015, S. 108). Im Falle der Krankenhäuser stünde weniger „Pflegepotential" durch die eigenen Auszubildenden zur Verfügung. Insofern wird innerhalb dieser Arbeit auf den Abbruch des Ausbildungsvertrages abgestellt und somit folgender Definition für den Begriff „Ausbildungsabbruch" gefolgt:

> „Sofern sich die Bezeichnung auf die einzelnen Ausbildungsverhältnisse bezieht, bedeutet die Vertragslösung i.d.R. auch den Abbruch des Vertragsverhältnisses zwischen Azubi und Betrieb; aber eben häufig nicht den Abbruch der dualen Berufsausbildung insgesamt." (Uhly 2015, S. 12)

Die Gründe für Ausbildungsabbrüche setzen sich meist aus mehreren einzelnen Faktoren zusammen (vgl. ebd., S. 20). Für diese Arbeit handlungsleitend sind dabei, aufgrund der thematischen Eingrenzungen und der zugrundeliegenden Forschungsfrage, die Gründe, welche sich aus der betrieblichen Seite, bzw. aufgrund der praktischen Ausbildungssituation auf den Stationen ergeben. Dass die betriebliche Seite als ein Hauptgrund gilt, wird nachfolgend dargestellt und theoretisch begründet.

2.2.2 Der Prozess des Ausbildungsabbruchs und mögliche Gründe

Grundsätzlich soll hierbei der Kategorisierung Schöngens (vgl. 2003, S. 7) gefolgt werden und eine grundlegende Unterscheidung in Gründe, welche die Berufswahl, die theoretische Seite, die praktische Seite und individuelle Gründe betreffen, vorgenommen werden. Auch wenn kritisch eingewendet werden muss, dass ein Ausbildungsabbruch stets als ein multifaktorieller Prozess gesehen werden kann (vgl. Barbian/van der Loo 2011, S. 93). Bezogen auf die praktische Ausbildungssituation identifiziert Deuer (vgl. 2015, S. 105) Missstände im Bereich Anerkennungserleben und Belohnungskultur, sowie Schwierigkeiten der Auszubildenden ihre Rolle in der Organisation zu finden, was fortführend zu Konflikten und Unzufriedenheit führt. Bezüglich des Ausbildungsverlaufs konnten von Barbian/van der Loo (vgl. 2011, S. 75) u. a. eine mangelnde Praxisanleitung, Probleme in der Rollenerwartung, der Hierarchie, dem Kompetenzverlust und bezüglich Erkrankungen der

Auszubildenden als mögliche Gründe für einen Ausbildungsabbruch herausgearbeitet werden. Die wichtige Rolle des Lernort Praxis im Prozess des Ausbildungsabbruchs konnten ebenfalls Seeliger und Strobel (2009) nachweisen (vgl. Landes-Pflegerat Baden-Württemberg o. J., S. 1). Im Ausbildungsreport Pflegeberufe wurden insgesamt 2.569 Auszubildende der Gesundheits- und Krankenpflege (n= 3410 die Gesundheits- und Krankenpflege, Kinderkrankenpflege, Altenpflege und Pflegeassistenz) zu unterschiedlichen Aspekten der Ausbildung befragt (vgl. Ver.di 2015, S. 6). Die folgenden zentralen Ergebnisse der Befragung beziehen sich ausschließlich auf die praktische Ausbildung und verdeutlichen die Situation für die Auszubildenden am Lernort Praxis. Als am gravierendsten wird hier der empfundene Zeitdruck bei der Berufsausübung mit 63,7 % angegeben, gefolgt von Teamproblemen (37,7 %), fehlenden Möglichkeiten die gesetzlichen Pausen einzuhalten (37,3 %) und häufig notwendigen Wechseln der praktischen Stationen mit 25,5 % (vgl. ebd., S. 47). Die Schichtarbeit, die enormen physischen Belastungen des Berufs, sowie zahlreiche Überstunden, schließen diese Aufzählung ab (vgl. ebd.). Das Bundesministerium für Bildung und Forschung (BMBF) (vgl. 2009, S. 13) listet für die Ausbildungsabbrüche auf der praktischen Seite die Gründe Unzufriedenheit mit der Ausbildungsqualität, Konflikte mit anderen Mitarbeitenden und mangelnde Kompetenzen bei dem für die Ausbildung verantwortlichen Personal auf. Diese Befundlage kann als dringend interventionsbedürftig angesehen werden. Daher werden im nächsten Kapitel entsprechende Präventionsmöglichkeiten dargestellt. Wobei für den Präventionsgedanken innerhalb dieser Arbeit nur solche Ausbildungsabbrüche berücksichtigt werden, bei denen die Auszubildenden selbst aufgrund der praktischen Ausbildungssituation die Ausbildung abbrechen und nicht etwa Abbrüche anderer Ursachen, oder betriebliche Kündigungen.

2.2.3 Präventionsmöglichkeiten und Bindung von Auszubildenden

Bereits präventiv tätig zu werden wird von Deuer (vgl. ebd., S. 109) explizit empfohlen. Dabei muss jedoch angemerkt werden, dass nicht jeder Abbruch verhindert werden kann (vgl. BMBF 2009, S. 19). Dies erscheint auch auf den Bereich der Gesundheits- und Krankenpflege übertragbar. Maßnahmen, die der Auf- bzw. Nachbereitung eines vollzogenen Abbruchs dienen, werden an dieser Stelle nicht berücksichtigt, da sie im eigentlichen Sinn nicht mehr unter eine Prävention fallen. Diese Maßnahmen umfassen dann das *tertiäre Präventionsfeld* (vgl. Deuer 2015, S. 109). Bei *sekundären Präventionsmöglichkeiten* liegt der Fokus auf dem Screening (von Anzeichen und Abbruchgedanken) sowie auf der konkreten Verhinderung der Abbrüche selbst (vgl. ebd.). Es sollen Maßnahmen erfolgen, die eine Vertrauensbasis zwischen den Auszubildenden und den Betrieben erschaffen, z. B. über festgelegte Kontaktpersonen, Mentoren oder Paten (vgl. ebd., S. 111f.). Hierzu gibt es auf Bundesebene bereits verschiedene Einzelinitiativen und Programme (vgl. BMBF 2009, S. 20). Innerhalb der Ausbildungsoffensive Pflege ist als Patenprogramm die Förderung des VerA[8] Projektes aufgenommen worden (vgl. BMFSFJ 2019, S. 20). Durch das *primäre Präventionsfeld* sollen Abbruchgedanken gar nicht erst entstehen. Hier werden Maßnahmen subsumiert, die sich konkret auf die betriebliche Seite während einer Ausbildung fokussieren (vgl. Deuer 2015, S. 110f.; BMBF 2009, S. 9). Daher erscheinen diese Präventionsmöglichkeiten innerhalb dieser Arbeit als zentral. Neben Forderungen für Schulungen im kommunikativen Bereich und im Bereich Konfliktmanagement, werden Angebote für den Notfall, zur Supervision und Mediation als notwendig erachtet (vgl. BMBF 2009, S. 20). Die Forderung nach einer qualitativen Ausbildung, ohne die Auszubildenden auszubeuten (vgl. ebd., S. 21), soll für diese Arbeit als unabdingbar angesehen werden. Dies begründet sich darin, dass eine qualitativ hochwertige Ausbildung grundsätzlich der Bindung von

---

[8] Hierbei handelt es sich um ein Begleit- oder Patenprogramm durch Experten des Senior Experten Services (vgl. Stiftung der Deutschen Wirtschaft, o. J., o. S.).

Auszubildenden dienen kann (vgl. BMFSFJ 2014, S. 15). Besonders für die Geburtenjahrgänge zwischen 1980-2000[9] ist anzumerken, dass diese Generation eine Kündigung bei unerwünschten Rahmenbedingungen nicht scheut (vgl. Walzer/Thomas/Fliegen 2019, S. 110). Mitarbeitende zu binden erfordert jedoch die Mitwirkung der einzelnen Mitarbeitenden und der Organisation selbst (vgl. Loffing/Loffing 2010, S. 5). Klaiber (vgl. 2018, S. 25) verwendet die Begriffe Mitarbeiterbindung und organisationales Commitment gleichberechtigt und erklärt, dass damit die (emotionale) Verbindung zwischen Mitarbeitenden und der Organisation gemeint ist. Auszubildende zu binden meint innerhalb dieser Arbeit zunächst die Ausbildung zu absolvieren und nicht vorzeitig abzubrechen. Der Ansatzpunkt ist dabei, wie bereits beschrieben, die Verbesserung der praktischen Ausbildungsqualität. Hierzu gelten Aspekte in den Bereichen Aufgaben, Arbeitsklima und Möglichkeiten der Mitbestimmung sowie Teilhabe an Vereinbarungen als entscheidend, um Mitarbeitende zu binden (vgl. Loffing/Loffing 2010, S. 6), welche alle im zugrundeliegenden Qualitätsmodell wiedergefunden werden können. Zur theoretischen Einordnung und Darstellung der praktischen Ausbildungsqualität, wird das entsprechende Modell nachfolgend thematisiert.

---

[9] Diese Generation wird auch als „Generation Y" bezeichnet (vgl. Walzer et al. 2019, S. 85).

2.2.4 Das Konstrukt der Ausbildungsqualität

Die Qualität einer Ausbildung zu bestimmen ist äußerst diffizil, da es sich hier um ein Konstrukt handelt, welches aus mehreren Faktoren besteht (vgl. Ebbinghaus et al. 2010, S. 34). Der Qualitätsbegriff wird zudem häufig negativ wahrgenommen, wobei dem Wort-ursprung nach eher die „Beschaffenheit" zur Beschreibung der Ausbildungssituation gemeint ist (vgl. Klotz/Rausch/Geigle/Seifried 2017, S. 2; Wittwer 2014, S. 119). Nachfolgend wird daher ein Modell zur Erhebung dieses mehrdimensionalen Konstrukts eingeführt, da die Qualität der praktischen Ausbildung die Forschungsfrage dieser Arbeit tangiert, und sich anteilig Fragen der Experteninterviews aus Aspekten des Modells generieren. Die Möglichkeit zur Übertragung des Modells aus dem Bereich des BBIG in den Bereich der Gesundheits- und Krankenpflege ergibt sich durch die Tatsache, dass das Modell die Ausbildungsqualität als mehrdimensionales Konstrukt versteht und entsprechend viele Einzelkriterien zugrunde legt, so wie berufspolitisch und aus der Praxis gefordert (vgl. Beicht/Krewerth/Eberhard/Granato 2009, S. 2). Diese Einzelkriterien sind dabei breit angelegt (vgl. ebd., S. 4), was die Auswahl des Modells grundsätzlich untermauern soll. Überdies wird die Annahme der Autoren geteilt, dass eine qualitätsvolle Ausbildung zur Kompensation des Fachkräftemangels unabdingbar ist (vgl.

Ebbinghaus et al. 2010, S. 7). Letztlich hat das duale Bildungssystem zudem große Schnittmengen mit der Ausbildung der Gesundheits- und Krankenpflege, wie zum Beispiel die zwei Lernorte (Schule und Praxis). (vgl. Schneider 2005, S. 397). Diese Aufteilung findet sich innerhalb des Modells klar wieder und wird im Bereich der Kooperation wieder aufgegriffen (vgl. Ebbinghaus 2016, S. 91). Anders als für die nach dem BBIG geregelten Ausbildungsberufe, gibt es für die Pflegeausbildung bisher aber keine gesetzlichen Regelungen zur Ausbildungsqualität (vgl. DGB Jugend 2019, S. 54). Auch wenn gesetzlich gefordert wird das pflegerische Handeln an qualitativen Kriterien auszurichten, gibt es keine verbindlichen Normen hierzu (vgl. Mamerow 2018, S. 220). Für die Pflegeausbildung bedeutet dies, den Qualitätsbegriff einer eigenen Definition zuzuführen (vgl. ebd.). Brater (vgl. 2014, S. 229f.) beschreibt eine typische Verankerung des Qualitätsgedankens in den klassischen Qualitätsmanagementsystemen (z. B. DIN ISO 9001) der Organisationen, ausgedrückt in Standards und Prozessbeschreibungen.

Durch den Einbezug des Modells des Bundesinstituts für Berufsbildung (BIBB), kann das Konstrukt der betrieblichen Ausbildungsqualität innerhalb dieser Arbeit durch den Rückgriff auf valide Qualitätskriterien dargestellt und in den Experteninterviews aufgegriffen werden. Die

Kommunikation über die Qualität einer Ausbildung wird als initialer Schritt explizit gefordert, um überhaupt den Qualitätsbegriff in einer Organisation individuell definieren und letztlich umsetzen zu können (vgl. BIBB 2015, S. 13). Durch eine qualitative praktische Ausbildung entsteht demnach bereits eine Möglichkeit, Ausbildungsabbrüchen vorzubeugen (vgl. ebd., S. 13; Ebbinghaus/Krewerth 2014, S. 78). Besonders dem Qualitätskriterium eines lernförderlichen Klimas wird dabei zugeschrieben, die Bindung von Auszubildenden an die Organisation zu erhöhen (vgl. BIBB 2015, S. 48). Wie in Kapitel 2.2.3 dargelegt, könnte die Verbesserung der praktischen Ausbildungsqualität somit in den Bereich der primären Präventionsmöglichkeiten eingeordnet werden. Kritisch angemerkt werden soll, dass der Qualitätsbegriff als eingeschränkt messbar gilt (vgl. Klotz et al. 2017, S. 3). Das für diese Arbeit zugrunde liegende Modell ist durch ein Forschungsprojekt des BIBB für eine Studie mit Auszubildenden entstanden, welche die erlebte Ausbildungsqualität der Auszubildenden abbildet (vgl. Beicht/Krewerth/Eberhard/Granato 2009, S. 2). Befragt wurden insgesamt 6000 Auszubildende aus 15 Ausbildungsberufen des BBIG in 205 Berufsschulen Deutschlands (vgl. ebd., S. 3). Die ausgewählten Qualitätskriterien leiten sich aus berufspädagogischen, bildungspolitischen und jugendspezifischen Anforderungen ab (vgl. Krewerth/Eberhard/Gei 2008, S. 2f.). Grundsätzlich werden

Kriterien in den Bereichen Input- und Prozessqualität (42 Kriterien; hauptsächlich betrieblicher Art) und Outputqualität (zehn Kriterien) unterschieden (vgl. Beicht et al 2009, S. 3).

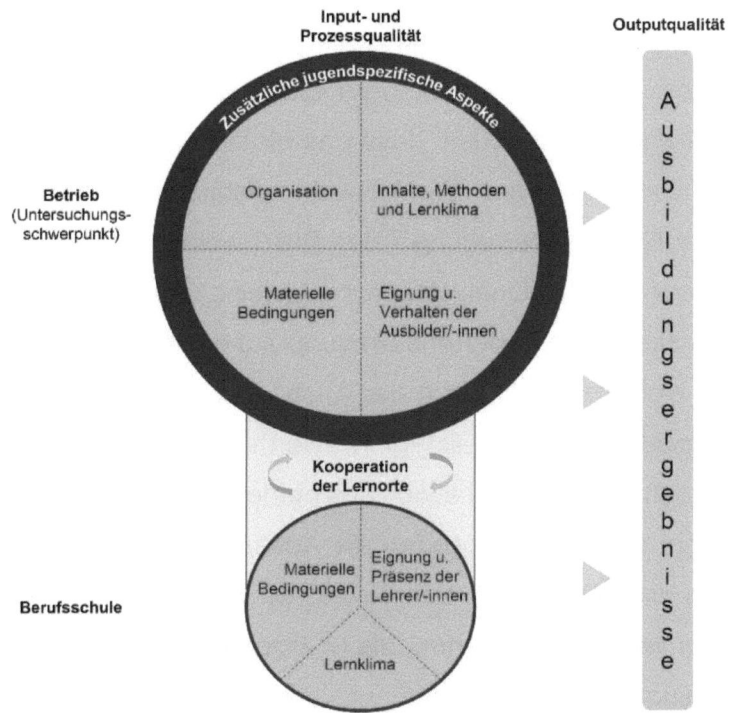

Abb. 3: Qualitätsmodell im Forschungsprojekt „Ausbildung aus Sicht der Auszubildenden" in Anlehnung an Beicht et al. 2009, S 3

Diese sequenzielle Unterscheidung der Berufsausbildung ist nach Frommberger (vgl. 2013, S. 10) grundsätzlich als konzediert anzusehen. Der Bereich der Inputqualität bezieht sich auf Ausbildungsvoraussetzungen, welche in den Betrieben und den Schulen angesiedelt sind, die

Prozessqualität fokussiert den eigentlichen Ausbildungs-
ablauf und die Outputqualität die Ziele der Ausbildung (vgl.
ebd.; Beicht et al 2009, S. 2). Innerhalb dieser Arbeit werden die Kriterien der Prozessqualität als zentral erachtet.
Nachfolgend werden ausschließlich Qualitätskriterien vorgestellt, die der Beantwortung dieser Forschungsfrage dienen, bzw. Fragemöglichkeiten für die Experteninterviews
generieren. Dies bedeutet, dass das Modell didaktisch reduziert vorgestellt wird. Die Auswahl orientiert sich dabei
an einer Expertenbefragung[10] des BIBB welche ihrerseits
Prämissen bei den Qualitätsitems ausweist. Grundsätzlich
bezieht sich diese Expertenbefragung auf das dargestellte
Model, welches die Qualität der Ausbildung aus Sicht der
Auszubildenden[11] darstellt (vgl. Krewerth et al. 2008, S. 2).
Um jedoch nicht ausschließlich aus betrieblicher Sicht oder
aus Sicht der Auszubildenden die Ausbildungsqualität innerhalb dieser Arbeit zu bearbeiten, wird auf die Gewich-
tung der befragten Experten, als übergeordneter Blickwinkel, Bezug genommen.

Die Qualitätsbereiche der betrieblichen Ausbildung setzen
sich aus vier Bereichen zusammen: die Organisation der

---

[10] Experten waren u. a. Teilnehmende aus dem Bereich der Betriebe,
der Wirtschaftsverbände, Gewerkschaften, der Forschung etc. (vgl. Krewerth et al. 2008, S. 3).
[11] Ein Modell, welches die Sicht der Ausbildungsbetriebe auf das Thema
Ausbildungsqualität darstellt, existiert ebenfalls (vgl. Ebbinghaus et al.
2010, S. 9ff.).

Ausbildung, den materiellen Bedingungen, den Inhalten und Methoden (Lernen im Prozess der Arbeit, positives Lernklima, Zusatzangebote für Auszubildende) sowie der Eignung des ausbildenden Personals und deren Verhalten (vgl. Beicht et al. 2009, S. 4). Diese vier Bereiche werden für die Input- und Prozessqualität als bedeutsam angesehen (vgl. Krewerth et al. 2008, S. 4). Eine Umfrage unter Experten durch das BIBB, konnte die Importanz der einzelnen Qualitätskriterien ermitteln (vgl. ebd. S. 3). Im Bereich Organisation und Durchführung der Ausbildung wird von 69 % der Befragten der regelmäßige Austausch über den Status quo der Auszubildenden als sehr wichtig empfunden (vgl. Krewerth et al. 2008, S. 4). Die Anwendung von theoretischen Inhalten am Lernort Praxis halten 47 % für wichtig (vgl. ebd.). Von 72 % wird es als sehr wichtig erachtet, dass die Ausbildungsinhalte vom Ausbildungspersonal beherrscht werden, dass eindeutige Arbeitsanweisungen formuliert werden, Lob und Kritik geübt wird, Zeit für Feedbacks vorhanden ist und Ansprechpartner bei Problemen vorhanden sind (vgl. ebd.). Der vierte Qualitätsbereich gilt unter den befragten Experten als wichtigster Bereich (vgl. Beicht et al. 2009, S. 5). Im Bereich der Inhalte und Methoden wurde mit jeweils 47 % als wichtig erachtet, dass Fehler akzeptiert werden und die Ausbildung abwechslungsreich gestaltet wird (vgl. Krewerth et al. 2008, S. 6). Als wichtig erachten 55 % der Befragten jedoch vor allem ausreichend Zeit für die Ausbildungsaufgaben (vgl. ebd.). Hier kann demnach eine Parallele zu den Befunden von Barbian und van der Loo (vgl. Kap. 2.2.2) und Kersting (vgl. Kap. 2.1.3) gezogen werden, die Zeitdruck durchaus als problematisch innerhalb der Ausbildung sehen. Allerdings wird das Arbeiten unter Zeitdruck von 45 % der befragten Experten durch das BIBB als unproblematisch, im Sinne eines Belastungsfaktors, gesehen (vgl. Krewerth et al. 2008, S. 7). Die größten Belastungen ergeben sich für die Auszubildenden aus Sicht der Experten durch mangelnde Verantwortlichkeiten, fehlende Arbeitsaufträge und ausbildungsferne Tätigkeiten (vgl. ebd.). Um sich der Thematik des Lernens von Organisationen zu nähern und die Forschungsfrage dieser Arbeit beantworten zu können, wird nachfolgend das organisationale Lernen theoretisch betrachtet.

2.3 Organisationen und das Lernen: Die Vereinigung des Substantivs mit dem Verb

Zunächst erscheint es zentral, wichtige Termini einzuführen. Auffallend ist eine äußerst heterogene Begriffsverwendung, wenn es um das Thema des Lernens in Organisationen geht. Hier entstehen Wortkombinationen die „[...] vom Lernen der Organisation, vom Organisationslernen, vom organisatorischen Lernen oder von der lernenden Organisation sprechen" (Pfaff 1997, S. 326). Die theoretische

Darstellung dieses Themenkomplexes erfolgt daher schrittweise. Nachfolgend wird zunächst der Begriff „Organisation" definiert.

2.3.1 Der Organisationsbegriff

Den Begriff der Organisation theoriespezifisch zu definieren ist essenziell, da sich anhand dieser Definition überprüfen lässt, ob das angestrebte Untersuchungsdesign in Form der qualitativen Inhaltsanalyse geeignet ist und welche Demarkationen entstehen (vgl. Koch 2016, S. 33). Mit dem Begriff Organisation wird zunächst erst einmal eine bestimmte Form der sozialen Struktur und ihre Genese beschrieben (vgl. Schäffter 2010, S. 227). Besonders systemtheoretisch orientierte Ansätze sind der Auffassung, dass mit dem Organisationsbegriff „[...] eine besondere Form von sozialem Gebilde bezeichnet [wird, Anmerkung der Verfasserin], die sich von anderen sozialen Gebilden [...] unterscheiden lässt" (Kühl/Muster 2016, S. 8). Luhmann, einer der neueren systemtheoretischen Vertreter (vgl. Scherf-Braune, 2000, S. 43), definiert den Begriff der Organisation als: „[...] ein System, das sich selbst als Organisation erzeugt" (Luhmann 2000, S. 45). Allerdings lässt sich nicht „die Systemtheorie" bestimmen, vielmehr gibt es auch in diesem Bereich unterschiedlichste Annahmen (vgl. Luhmann 1991, S. 15). Grundsätzlich gelten Organisationen innerhalb der Systemtheorie als lernfähig, indem ihre (einzelnen) Mitglieder lernen und auf diesem Weg Wissen in corpore entsteht (vgl. Pfaff 1997, S. 326). Systemtheoretische Ansätze stellen **eine** Möglichkeit dar, Organisationsentwicklung fachlich umzusetzen (vgl. Grossmann/Lobnig 2013, S. 33). Allerdings sollte auch dies kritisch reflektiert werden. Der Ansatz sollte nicht als „Patentrezept" angewendet werden, denn es gibt durchaus zahlreiche Alternativen (vgl. ebd.). Andere Ansätze, wie der bürokratietheoretische, der strukturationstheoretische oder der organisationskulturelle Ansatz, definieren ihrerseits diesen Begriff (vgl. Koch 2016, S. 33). Innerhalb dieser Arbeit erfolgt nachfolgend eine Anlehnung an den systemtheoretischen Ansatz.

Eine einheitliche Definition des Begriffs „Organisation" gibt es nicht (vgl. Kuper/Thiel 2018, S. 596). Je nach Kontext und (wissenschaftlicher) Disziplin, bzw. Blickwinkel, werden unterschiedliche Definitionen genutzt (vgl. Schäffter 2010, S. 227). Organisationen können jedoch als „[…] typische Einrichtungen *moderner* Gesellschaften" (Kuper/Thiel 2018, S. 595) bezeichnet werden. Zur Beschreibung der geltenden Strukturen, Regeln und Prozesse der Organisationen wird der Organisationsbegriff divergierend charakterisiert. Bea und Göbel (vgl. 2010, S. 29) unterscheiden einen prozessorientierten, einen instrumentellen und einen institutionellen Organisationsbegriff. Jeder dieser drei

Begrifflichkeiten fokussiert Teile einer Organisation, die definitorisch berücksichtigt werden können[12] (vgl. ebd., S. 33). Daraus leiten die Autoren folgende Definition für den Organisationsbegriff ab: „**Organisation** [Hervorhebung im Original] ist ein von der Unternehmung geschaffenes System von Regeln, um gemeinsame Ziele zu verfolgen, in welcher Ordnung aber auch von selbst entstehen kann." (ebd.) Ein Überblick über die Geschichte und die Herkunft des Organisationsbegriffs gelingt über Göhlich (vgl. 2014, S. 65-72). Wohlgeachtet des inflationären Gebrauchs der Begrifflichkeiten „organisieren" oder „Organisation" (vgl. Kühl/Muster 2016, S. 7), soll innerhalb dieser Arbeit eine spezifischere Definition herangezogen werden. Eine solche lautet:

> „Eine Organisation ist ein kollektives Ganzes mit relativ festgelegten und identifizierbaren Grenzen, einer normativen Ordnung, hierarchischem Autoritätssystem, Kommunikationssystem und einem koordinativem Mitgliedssystem; dieses kollektive Ganze besteht aus einer relativ kontinuierlichen Basis innerhalb einer sie umgebenden Umwelt und beschäftigt sich mit Handlungen und Aktivitäten, die sich gewöhnlich auf ein Endziel oder Objektiv hin beziehen, oder eine Menge von Endzielen und Objektiven." (Weinert 1992, S. 41)

Diese Definition soll innerhalb dieser Arbeit zugrunde gelegt werden, da sie weiterführende Merkmale von Organisationen bereits inkludiert und überdies eine gewisse Spannbreite zulässt, sich also zunächst keiner

---

[12] Eine Gegenüberstellung der Begriffe ist bei Bormann (vgl. 2002, S. 28) verzeichnet.

Organisationstheorie ohne Weiteres zuordnen lässt. Daher kann sie als ganzheitlicher Definitionsversuch gesehen werden (vgl. Schäffter 2010, S. 227). Zu den Merkmalen von Organisationen zählt, dass die Organisation selbst über die Zugehörigkeit ihrer Mitglieder entscheiden kann, sie einen (übergeordneten) Zweck erfüllt, sie über hierarchische Strukturen aufgebaut ist, sowie ein Entscheidungsrecht beinhaltet (vgl. Kühl 2011, S. 17-22). Ergänzend soll für diese Begriffsannäherung der Aufbau von Organisationen graphisch dargestellt werden.

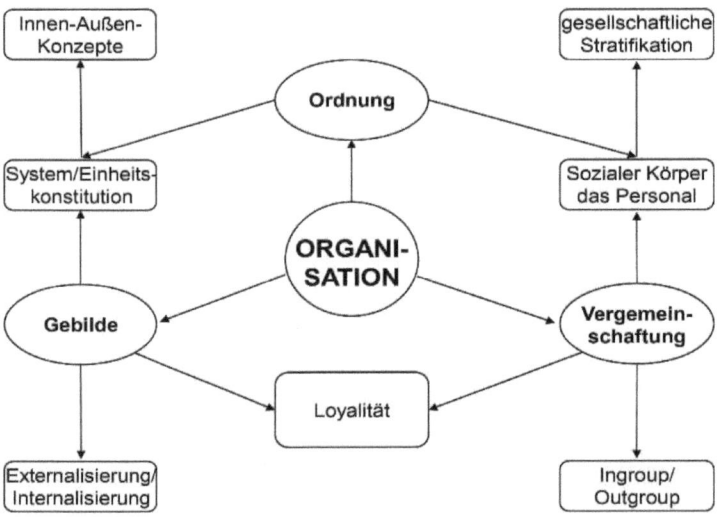

Abb. 4: Das Gesamtkonstrukt der Organisation in Anlehnung an Türk 2008, S. 351

Die Abbildung veranschaulicht zum einen den Aufbau und die Beziehungen innerhalb einer Organisation zum anderen auch die Vernetzungen, welche nach intern und extern

entstehen (vgl. ebd., S. 350). Dies stellt einen Darstel-
lungsversuch dar, wie Organisationen durch Menschen-
hand entstehen (vgl. ebd., S. 352). Um den Lernbegriff auf
Organisationen übertragen zu können, erfolgt zu nächst
eine theoretische Darstellung des Lernens.

2.3.2 Der Lernbegriff

Der Lernbegriff wird in diversen (wissenschaftlichen) Fachbereichen genutzt und begrifflich permanent erweitert (vgl.
Siebert 2010, S. 190f.). Neurowissenschaftlich wird mit diesem Begriff zunächst eine Veränderung des Gedächtnis-
ses im Sinne einer Informationszunahme- und Abspeiche-
rung bezeichnet (vgl. Brand/Markowitsch 2009, S. 69). Mo-
dalitätsspezifische Informationen werden wahrgenommen,
oder das Lernen erfolgt durch Handlungen (vgl. Siebert
2010, S. 191). Die differenzierten Lernarten werden überdies in unterschiedlichen Theorien begründet - beispielsweise dem Behaviorismus oder dem Kognitivismus (vgl.
ebd.). Innerhalb der behavioristischen Lerntheorie erfolgt
Lernen als Reaktion auf einen Reiz (vgl. Gudjons 2008, S.
153). Hier liegt der Blickwinkel auf dem „In- und Output"
des Lernens (vgl. Falk 2007, S. 34). Innerhalb kognitiver
Lerntheorien liegt der Schwerpunkt auf dem kognitiven
Prozess und somit zentral auf dem Prozess zwischen Input
und Output (vgl. ebd.). Konstruktivistische Theorien konstatieren als ihr zentrales Element Menschen als

autopoietische Systeme[13], deren Lernen nicht linear ge-
steuert werden kann, sondern allenfalls von außen durch
Perturbation getriggert werden kann (vgl. Siebert 2010, S.
191). Im englischen kann mit „'learning'" (Agy-
ris/Schön1999, S. 19) sowohl die Quintessenz des Wis-
senserwerbs gemeint sein als auch der eigentliche Weg
dorthin bezeichnet werden. „Lernen ist also [...] ein wert-
neutraler Begriff. Es geht um die Kennzeichnung von *Änderungen* [Hervorhebung im Original] [...] menschlicher
Verhaltensdispositionen, die durch Verarbeitung von Erfahrungen erklärt werden können." (Gudjons 2008, S. 212)
Ähnlich definiert Siebert (vgl. 2010, S. 191) den Lernbegriff
und sieht ihn auch in Korrelation zu (gemachten) Erfahrungen. Weiterführend verweist er auf Definitionen, die ebenfalls auf die Begriffsausdehnung in die Bereiche „[...] Fähigkeiten und Fertigkeiten zur Bewältigung von Lebenssi-
tuationen" (ebd.) abstellen. An dieser Stelle folgt keine dif-
ferenziertere Darstellung der allgemeinen Lerntheorien, da
der Fokus dieser Arbeit auf dem Lernen von Organisationen liegt. Um die Forschungsfrage dieser Arbeit beantworten zu können, erscheint es schließlich nötig, den Begriff
des organisationalen Lernens einzuführen und zu definieren.

---

[13] „*Die Autopoiese (griech. Autos = selbst; poiein = machen)* Es gibt le-
bende Systeme. Diese erzeugen eine spezifische Erscheinungswelt le-
bender Systeme" Maturana 1985, S. 141. „In diesem Sinne sind autopoietische Systeme geschlossene Systeme [...]" (ebd., S. 142).

2.3.3 Das organisationale Lernen

Lernprozesse- und potentiale von Organisationen zu betrachten ist ein Forschungsfeld, welches in seiner Entwicklung noch jung ist (vgl. Franz 2018, S. 1036). Innerhalb organisationspädagogischer Forschung wird „[...] das Lernen in, von und zwischen Organisationen [...]" (Göhlich/Weber/Schröer/Schemmann 2016, S. 1) betrachtet. Außerdem sollen innerhalb der Organisationspädagogik die Lernintention der Organisation betrachtet werden (vgl. Göhlich/Weber/Schröer 2016, S. 309). Die Organisationspädagogik gilt als Teildisziplin der Pädagogik und ist prädestiniert zur Erforschung von Organisationsprozessen sowie der Organisationskultur (vgl. ebd., S. 308). Die Theorien zum Lernen einer Organisation werden aus divergierenden Perspektiven und Theorien gebildet, so dass sich keine Einheitlichkeit ergeben kann (vgl. Göhlich 2018, S. 369). Zahlreiche Autorinnen und Autoren haben sich mit dieser Thematik befasst und diese unter divergierenden Begrifflichkeiten und Zielsetzungen fokussiert (vgl. Büchel/Probst 2018, S. 307; Scherf-Braune 2000, S. 28). Zudem korreliert die Definition des organisationalen Lernens mit dem grundlegenden Verständnis einer Organisation (vgl. Scherf-Braune 2000, S. 43). Franz (vgl. 2018, S: 1038-1040) unternimmt den Versuch zentrale Berührungspunkte der Theorien darzustellen und verweist dazu auf den bildungstheoretischen Blickwinkel, einen ausgeweiteten Lernbegriff, sowie einen institutionstheoretisch geprägten Begriff für Organisationen.

Die Anwendung des Lernbegriffs auch auf Organisationen ist probat (vgl. Siebert 2010, S. 192). Aus lerntheoretischer Sicht ist organisationales Lernen ein Prozess, welcher die Veränderungen der einzelnen Mitglieder einer Organisation fokussiert (vgl. Zinth 2010, S. 67). Grundsätzlich ergibt sich immer dann für eine Organisation ein Anlass zum Lernen, wenn ihre Mitglieder Probleme und Diskrepanzen konkretisieren (vgl. Zinth 2010, S. 69). Weiterhin müssen Organisationen lernen, um wettbewerbsfähig zu bleiben (vgl. Herold/Herold 2013. S. 258f.) Durch eine (zielgerichtete) Veränderungen des Handelns und Problemlösens soll die Organisation flexibler reagieren können (vgl. Schott 2003, S. 62). Das Lernen von Organisationen vollzieht sich dabei indem kommuniziert wird und Entscheidungen getroffen werden (vgl. Junk 2007, S. 60). Büchel und Probst (vgl. 2018, S. 307) repräsentieren in ihrem Begriffsverständnis zum Lernen einer Organisation einen systemischen Blickwinkel und konstatieren, dass es sich um einen Prozess handelt, welcher aus mehr besteht als aus den Lernergebnissen der einzelnen Organisationsmitglieder. Demnach erscheint es weiterhin wichtig, das individuelle Lernen (der Organisationsmitglieder) vom kollektiven

Lernen (einer Organisation) zu differenzieren. Auch aus lerntheoretischer Sicht wird die Unterscheidung zwischen individuellem Lernen und kollektivem Lernen empfohlen, da der Prozess des organisationalen Lernens vom individuellen und kollektiven Lernen bestimmt wird (vgl. Franz 2018, S. 1039). Das individuelle Lernen beinhaltet als zentrales Element das Lernen des Einzelnen und stellt gleichzeitig den Beginn des organisationalen Lernens dar (vgl. Büchel/Probst 2018, S. 308). Hiermit ist die Erweiterung individuellen Wissens und Könnens, durch Neuerwerb von Regeln und Können und dessen Verknüpfung mit bestehendem, gemeint (vgl. Geißler 1994, S. 81). Individuelles Lernen determiniert aber auch gleichzeitig das organisationale Lernen (vgl. ebd., S. 82). Durch kollektives Lernen hingegen wird es möglich, das Individualwissen in das Wissen einer Organisation zu überführen (vgl. Falk 2007, S. 35). Sofern sich dann ein kollektives Handeln aus diesem (neuen) Wissen ergibt, hat die Organisation kollektiv gelernt (vgl. ebd.). Insofern kann nur vom organisationalen Lernen gesprochen werden, wenn sich der Lernvorgang bei den Individuen und innerhalb des Kollektivs vollzieht und schließlich die Organisation selbst eine Veränderung erfährt (vgl. Zinth 2010, S. 66). Verstanden wird organisationales Lernen wird als Bestandteil der Organisationsentwicklung (vgl. Bormann 2002, S. 30). Für die Erforschung organisationalen Lernens ist es wichtig zu konkretisieren,

ob Strukturen oder Prozesse der Organisationen der For-
schungsgegenstand sind (vgl. Göhlich/Weber/Schröer
2016, S. 313). Sofern der Blick auf strukturellen Aspekten
liegt, fokussiert dieser u. a. die beteiligten/handelnden Organisationsmitglieder (vgl. ebd.).

2.3.4 Drei theoretische Ansätze des organisationalen Lernens

Bei näherer Betrachtung des Themas fallen viele verschiedene Einzelbeiträge zum organisationalen Lernen auf (vgl.
Kap. 4.3). In seiner Dissertation trägt Stotz (vgl. 1999, S.
19-58) achtzehn unterschiedliche Ansätze für diesen Themenbereich zusammen. Aus organisationswissenschaftli-
cher Perspektive lassen sich jedoch Autoren identifizieren,
deren Werke als Standardwerke gelten können und denen
eine gesonderte Stellung für die pädagogische Debatte inhärent ist (vgl. Pätzold 2017, S. 42). Drei dieser Vertreter
sollen innerhalb dieser Arbeit vorgestellt werden.

Argyris und Schön gehören zu den Autoren, die im wissenschaftlichen Diskurs innerhalb der Organisationswis-
senschaft lange Zeit vorgeherrscht haben (vgl. ebd.). Sie
gelten in der Vielzahl der Forschungsansätze als eine der-
jenigen, die einen interpretations-orientierten Ansatz repräsentieren (vgl. Schott 2003, S. 73). Ihre Theorie stützen Sie
dabei auf Grundlagen der Handlungstheorie (vgl. Geißler
2005, S. 26). Innerhalb des Verständnisses der Autoren

müssen zum organisationalen Lernen Mängel erkannt werden und adaptierte Maßnahmen erfolgen (vgl. Gebert/Boerner 1997, S. 245). Organisationen lernen immer dann, wenn neues Wissen, theoretischer oder praktischer Natur, irgendwie hinzukommt (vgl. Argyris/Schön 1999, S. 19). Innerhalb des Ansatzes existieren drei spezielle Regeln, welche eine Organisation erst ausmachen: ein auf die Gesamtorganisation ausgelegtes Regel- und Maßnahmenwerk, Einzelpersonen mit Entscheidungsgewalt für die Gesamtorganisation und Regeln zur Abgrenzung zur Umwelt (vgl. ebd., S. 24). Als zentrales Element für diese Arbeit wird zunächst das organisationale Wissen, so wie es die Autoren definieren, verstanden. **In** den Organisationen existiert Wissen, welches durch das humane Wissen, das durch Dokumente, durch prozesshafte Handlungen, oder durch die Organisationsausstattung repräsentiert wird (vgl. ebd., S. 27f.). Gleichzeitig wird **durch** die Organisationen selbst Wissen repräsentiert, das sie in die Lage versetzt Aufgaben strukturell zu lösen, welches in Aktionstheorien und Handlungstheorien[14] eingeteilt wird (vgl. ebd., S. 28). Organisationen lernen durch Veränderung dieser Handlungstheorien (vgl. Stotz 1999, S. 35). Bezüglich des Lernens werden zwei Arten unterschieden.

> „Unter *Einschleifen-Lernen* [Hervorhebungen im Original]
> verstehen wir instrumentales Lernen, das

---

[14] Hierfür nutzen die Autoren die Begriffe „Theory of Action" (Argyris/Schön 1978, S. 10) und „[...] [T]heories-in-use [...]" (ebd., S. 11).

> Handlungsstrategien oder Annahmen, die Strategien zugrunde liegen, so verändert, daß [sic!] die Wertvorstellungen einer Handlungstheorie unverändert bleiben." (Argyris/Schön 1999, S. 35f.)

Es eruiert fehlerhafte Aktionen bzw. deren Ergebnisse und führt entsprechende Veränderungen herbei (vgl. ebd., S. 36).

> „Unter *Doppelschleifen-Lernen* [Hervorhebungen im Original] verstehen wir ein Lernen, das zu einem Wertewechsel sowohl der handlungsleitenden Theorien als auch der Strategien und Annahmen führt." (ebd).

In ihrer Dissertation verwendet Schott folgende Erklärung:

„1. Single-loop-learning = Verbesserungslernen

2. Double-loop-learning = Veränderungslernen" (Schott 2003, S. 72).

Überdies verweisen die Autoren auf eine weitere Variante des Lernens.

> „*Eine ganz entscheidende Art des Doppelschleifen-Lernens bei Organisationen ist daher das Lernen zweiter Ordnung (OII), durch das die Mitglieder einer Organisation das Lernsystem entdecken und abändern können, das die vorherrschenden Muster der organisationalen Untersuchung festlegt* [Hervorhebungen im Original]." (Argyris/ Schön 1999, S. 44)

Diese Art des Lernens beschreibt dann, wie eine Organisation überhaupt erst lernt zu Lernen (vgl. Schott 2003, S. 80). Im Sinne der Forschungsfrage dieser Arbeit ließen sich identifizierte qualitative Verbesserungspotentiale für die Ausbildung am Lernort Praxis demnach zunächst als

70

Verbesserungslernen bezeichnen und fortführend deren Umsetzung in und mit der Praxis als Veränderungslernen.

Lernen muss sich zudem in der Kultur einer Organisation etablieren, wobei die Führungskräfte hierzu in der Pflicht gesehen werden, eine lernförderliche Kultur entstehen zu lassen indem sie den Menschen einen grundsätzlichen Lernwillen unterstellen (vgl. ebd., S. 195). Um ein weiterführendes Verständnis des Begriffs der Organisationskultur zu bewirken, wird nachfolgend ein organisationspsychologisches Begriffsverständnis dargestellt. Hier wird die Kultur von Organisationen als Abbildung der organisationalen Werte, welche gleichzeitig Einfluss auf die Mitarbeitenden und ihr Verhalten hat, gesehen (vgl. Weinert 1998, S. 354f.). Daneben prägen Aspekte sowohl auf zwischenmenschlicher Ebene, als auch auf multiplen weiteren Ebenen wie zum Beispiel der praktischen Arbeit oder der Führung eine entscheidende Rolle zur Charakterisierung **der** Organisationskultur (vgl. ebd., S. 668).

Der Ansatz **Senges** zur lernenden Organisation gilt, wie der von Argyris und Schön, als interpretationsorientiert (vgl. Schott 2003, S. 73). Er orientiert sich an Argyris und Schön und beinhaltet konkrete Anregungen für die Planung organisationaler Lernprozesse (vgl. ebd. S, 67). Grundlegend generiert er als Grundstein des organisationalen Lernens das Modell „The Fith Discipline" (Senge 1990). Er beschreibt Lernen als etwas Natürliches und Menschliches zugleich, ein Vorgang, der sich alltäglich wiederholend vollzieht (vgl. ebd., S. 8). Daher argumentiert er: „Learning organizations are possible because, deep down, we are all learners" (ebd.). Innerhalb des Ansatzes bedarf es fünf technischer Komponenten für eine lernende Organisation, welche als: „System Thinking", „Personal Mastery", „Mental Models", „Building Shared Vision" und „Team Learning" benannt sind (vgl. ebd., S. 10-13). Nur wenn diese fünf Komponenten Beachtung finden, ist das Lernen von Organisationen möglich (vgl. Fassbender 1997, S. 56). Grundlegend für diesen Ansatz ist die systemische Grundhaltung (vgl. ebd., S. 57). Die Komponente „Personal Mastery" zielt auf die individuelle Entwicklung der Mitarbeitenden ab, wobei die Organisation selbst hier ein entscheidende Rolle spielt (vgl. Schott 2003, S. 80). Selbstreflexion ist das Kernanliegen der Komponente „Mental Models", mit der „Building Shared Vision" sollen einheitliche Zukunftsbilder ermöglicht werden und beim „Team Learning" steht der Lernprozess der (kollektiven) Organisationsmitglieder im Mittelpunkt (vgl. ebd.). Die Bedeutung der einzelnen Teams und deren Arbeitsfähigkeit, führt auch Fassbender (vgl. 1997, S. 62) explizit auf. Der Aspekt des Teamlernens soll als Anschlussmöglichkeit an diese Arbeit gesehen werden, da sie sich explizit mit Teams und deren Führungskräften als Entscheidungs- und Gestaltungsträger der praktischen

Ausbildung beschäftigt. Alle Komponenten des Ansatzes müssen als ein Ganzes betrachtet werden, da dies gerade den systemorientierten Grundgedanken des Konzepts auszeichnet (vgl. Senge 1990, S. 13). Zudem wird ein zeitlicher Aspekt zur Entwicklung einer (lernenden) Organisation stets betont (vgl. Fassbender 1997, S. 62). Die Kritik Pätzolds (vgl. 2017, S. 44), Senges Theorie, sei zu sehr am rationalen Handeln ausgerichtet, soll an dieser Stelle nicht unerwähnt bleiben. Weiterhin könnte sich besonders die Umsetzung der „Personal Mastery" aufgrund kultureller Unterschiede als schwierig erweisen (vgl. Fassbender 1997, S. 62).

Als ein organisationspädagogischer Vertreter gilt **Geißler** (vgl. Pätzold 2017, S. 44). Somit kann dieser Autor als zentral für einen pädagogischen Blickwinkel gesehen werden (vgl. ebd., S. 45). Das Modell zur Grundstruktur der Organisationspädagogik von Geißler erscheint als Weiterentwicklung des Modells von Agyris und Schön für den Prozess dieser Arbeit am geeignetsten. Dies begründet sich in den grundlegenden Annahmen zum Lernen einer Organisation. Für organisationspädagogische Betrachtungen fordert Geißler (vgl. 2009, S. 244) die Anwendung von bildungstheoretischen Grundlagen, so dass eine Lösung von der organisationspsychologischen Sichtweise vollzogen werden kann. Er konstatiert als Ziel eines organisationalen Lernens, dass sowohl das Lernen der (einzelnen) Organisationsmitglieder, das Lernen der Organisation selbst und dass der Gesellschaft inkludiert werden müsse (vgl. ebd., S. 246). Organisationales Lernen beinhaltet ein operatives Anpassungslernen/ single-loop learning, ein strategisches Erschließungslernen/ double-loop learning, sowie ein inhärentes normatives Identitätslernen (vgl. Geißler 2018, S. 133f.). Die Initiierung eines normativen Identitätslernen geschieht hierbei durch Gespräche, welche grundsätzlich zielführend und anerkennend gestaltet werden sollen (vgl. Geißler 2009, S. 246). Die folgende Abbildung soll die drei Ansätze eines organisationalen Lernens veranschaulichen:

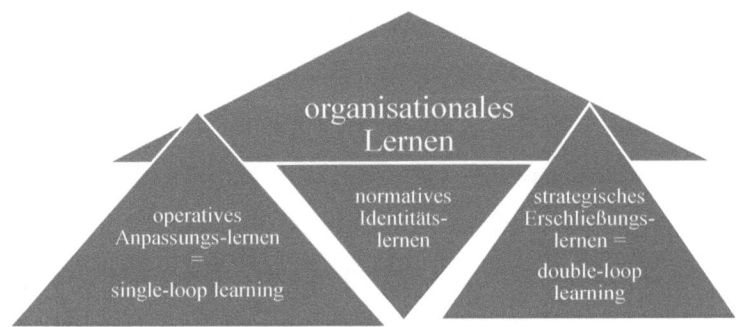

Abb. 5: Eigene Darstellung der Bestandteile des organisationalen Lernens in Anlehnung an Geißler 2018, S. 133f.

Das operative Anpassungslernen, das strategische Erschließungslernen und das normative Identitätslernen beziehen sich dabei jeweils auf die einzelnen Mitarbeitenden, die Mitarbeitenden als Kollektiv, die Organisation selbst und die Gesellschaft (vgl. Zech 2010, S. 22). Grundsätzlich werden innerhalb dieses Ansatzes zum organisationalen Lernen zwei Arten des individuellen Lernens unterschieden (vgl. Geißler 1994, S. 84). Dabei beschreiben das organisationskontextuell inkubative Lernen und das organisationskontextuelle Lernen jeweils divergierende Lernbereiche, die entweder erst innerhalb der Arbeitstätigkeit zur Anwendung kommen müssen oder bereits auf den organisationalen Bereich zugeschnitten sind (vgl. ebd.). Weiterhin erfolgt innerhalb seines Ansatzes auch eine erweiterte Berücksichtigung des sogenannten „deutero-learnings" (vgl. Pätzold 2017, S. 44f.). Der organisationspädagogische Ansatz Geißlers gilt grundsätzlich als offen und legt sich nicht auf bestimmte Organisationen fest (vgl. Zech 2010, S. 21). Die Öffnung des Fachbereichs und damit einhergehend die Ausweitung organisationaler Aspekte auch auf nicht pädagogische Organisationen gelang mit der Gründung einer organisationspädagogischen Sparte 2007 (vgl. Geißler 2009, S. 239). Somit kann dieser Ansatz ebenfalls für diese Arbeit anschlussfähig werden, da es sich bei der involvierten Organisation um eine nicht pädagogische handelt - dem Krankenhaus.

2.3.5 Darstellung organisationaler Lernprozesse

Durch die zahlreichen Theorien zum organisationalen Lernen, konnten ebenso mannigfaltige Erklärungsansätze zu organisationalen Lernprozessen eruiert werden. Im Folgenden wird daher versucht werden, einen für diese Arbeit gültigen Konsens aus der bestehenden Literatur zu entwickeln.

Stotz (vgl. 1999, S. 78-84) identifiziert organisationale Lernprozesse als ein System, welches aus den Bereichen Wissensveränderung, Verhaltensänderung sowie deren Beziehungen untereinander besteht. Eine konstruktivistische Perspektive scheint einzufließen, wenn von der Weiterentwicklung der organisationalen Kognition, bzw. von der Veränderung organisationaler Wirklichkeiten gesprochen wird (vgl. Klimecki/Laßleben/Riexinger-Li 1994, S. 18). Ähnlich beschreibt es Stotz (vgl. 1999, S. 186) und spricht von der Bedeutung der „Interpretationsmuster" innerhalb einer Organisation, welche besonders innerhalb der Organisationskultur beachtet werden. Diese haben auch für organisationale Lernprozesse eine Bedeutung und müssen für einen Lernprozess verändert werden (vgl. ebd., S. 190). Diese Interpretationsmuster könnten analog zu den in Kapitel 2.1.3 beschrieben Deutungsmustern gesehen werden, jedoch im organisationalen Kontext. Diese neuen oder veränderten Muster gilt es demnach innerhalb der Organisation zu verbreiten (vgl. ebd., S. 193). Im Unterschied zum individuellen Lernen, bei dem sich das Lernen und die Verhaltensveränderung in einer Person manifestiert, können diese beiden Aspekte beim organisationalen Lernen bei unterschiedlichen Teilen einer Organisation angesiedelt sein (vgl. ebd., S. 86). Bei organisationalen Lernprozessen können überdies mehrere Individuen den Prozess durchlaufen, die Wissensbasis kann grundsätzlich auch durch eine Interaktion zwischen mehreren Personen verändert werden (vgl. ebd., S. 89). Getriggert werden organisationale Lernprozesse durch eine Differenz zwischen dem Wissen einer Organisation und dem Handeln (vgl. Probst/Büchel 1994, S. 24; Zinth 2010, S. 68). Den Beginn eins solchen Prozesses stellt zunächst ein Missverhältnis im Bereich der organisationalen Handlungen dar (vgl. Zinth 2010, S. 68). Zusammenfassend können organisationale Lernprozesse wie folgt beschrieben werden:

> *„Als organisationale Lernvorgänge bezeichnen wir alle Prozesse, die zu einer **Ausdifferenzierung des organisationalen Wissens einer Organisation** führen [Hervorhebungen im Original].“* (Klimecki/Laßleben/Altehage 1995, S. 7)

2.3.6 Organisationales Lernen zur Verhinderung von Ausbildungsabbrüchen

Als initiales Ereignis für mögliche organisationale Lernprozesse dieser Arbeit werden die Ausbildungsabbrüche, welche aufgrund des Lernort Praxis vollzogen werden, gesehen. Ziel dieser Arbeit ist es, durch Lernprozesse innerhalb

77

der Organisation Krankenhaus Veränderungen im qualitativen Bereich der praktischen Ausbildung zu ermöglichen. Auf organisationaler Ebene werden daher implementierte Verfahren, Handlungsweisen und Richtlinien zur praktischen Ausbildung fokussiert. Veränderungen im Bereich der praktischen Ausbildungsqualität könnten weiterführend dazu beitragen, die Ausbildungsabbrüche, welche sich durch den Lernort Praxis begründen lassen (vgl. Kap. 2.2.2) zu verringern und Auszubildende über die Dauer der Ausbildung zu binden. Konkret geht es daher um das Lernen in der Organisation auf struktureller prozessualer Ebene (vgl. Kap. 2.3.3). Die dieser Arbeit inhärenten organisationalen Lernprozesse beziehen sich auf den Bereich der praktischen Ausbildungsqualität, bzw. auf Maßnahmen zur Verbesserung eben dieser. Damit eine Entwicklung im qualitativen Bereich als organisationaler Lernprozess eingeordnet und vonstattengehen kann, müssen die Planung und Durchführung der Ausbildung, sowie die Ausbildungsevaluation fokussiert werden (vgl. Weber/Häfner-Wernet 2016, S. 87f.). Die Qualität der praktischen Ausbildung wird mit Hilfe der Experteninterviews innerhalb dieser Arbeit fokussiert. Die Fragen der Experteninterviews beziehen sich u. a. auf Aspekte der Ausbildungsplanung und Durchführung. Somit könnte diese Arbeit den Start eines organisationalen Lernprozesses markieren. Die empirische Untersuchung mittels Interviewstudie ist überdies in einer

Organisation angesiedelt, welche sich starken Veränderungen gegenübersieht und welche weiterhin die Möglichkeiten aufweist, etwaige Veränderungsprozesse auch umzusetzen, so wie von Klimecki et al. (vgl. 1994, S. 5) gefordert.

2.4 Krankenhäuser als Organisationen

Kühl (vgl. 2011, S. 9) verweist für das Thema dieser Arbeit trefflich darauf, dass jeder Mensch in der Regel zum Zeitpunkt seiner Geburt bereits mit einer Organisation in Berührung kommt - dem Krankenhaus. Auch für diese Art von Organisation ist es probat, durch pädagogische Prozesse Entwicklungen zu initiieren (vgl. Göhlich 2014, S. 65). Das Alleinstellungsmerkmal, und somit die Funktion für die Gesellschaft, der Krankenhäuser sind die medizinischen Leistungen (vgl. Zech 2010, S. 11). Der pflegerische Bereich gehört jedoch ebenso zur Organisation Krankenhaus (vgl. Grossmann 1995, S. 65). Die komprimierte Darstellung der hierarchischen Strukturen der Organisation Krankenhaus erscheint insofern als unabdingbar, da auf diesem Weg die gewählten Experten für die Interviews in der Organisation Krankenhaus eingeordnet werden können. Es soll verdeutlicht werden, dass die Stationsleitungen durch ihre hierarchische Stellung über eine unmittelbare Verbindung zur Pflegedirektion (PD) und Pflegedienstleitung (PDL) verfügen. Daher nehmen sie in der Organisation Krankenhaus eine zentrale Stellung, zwischen höheren Ebenen und unteren Ebenen (Stationsteam) ein. Im Rahmen dieser Arbeit werden Sie daher als zentrale Anlaufstelle für organisationale Lernprozesse gesehen. Wie in Kapitel 2.1.2 beschrieben, müssen die Auszubildenden sich über die Dauer ihrer Ausbildung permanent auf neue Teams einstellen und einarbeiten. Daher wird auch dieser Aspekt als zentral angesehen, wenn es um die Ausbildungsqualität am Lernort Praxis geht und in den Experteninterviews aufgegriffen.

Mit Hilfe organisationspädagogischer Ansätze, die um die Besonderheit des Lernens nicht-pädagogischer Organi-sation wissen, kann auch das Lernen der Organisation Krankenhaus in den Fokus gerückt werden. Auf diesem Weg wird es möglich, das Thema dieser Arbeit zu bearbeiten und die Forschungsfrage zu beantworten. Mit dem Blick auf das Organisationsziel von Krankenhäusern werden diese als Expertenorganisationen bezeichnet (vgl. Conrad 2013, S. 107; Kühnle 2000, S. 65). Charakteristisch hierfür sind u. a. die autonomen Stellungen des spezialisierten Personals (Ärzte und Pflege), welche mit der Qualität der Versorgung korreliert, standardisierte Abläufe und Prozesse, sowie ein tendenzielles Desinteresse an der Koordination von Aufgaben (vgl. Conrad 2013, S. 110). Krankenhäuser organisieren täglich eine Fülle von Aufgaben und Prozessen, während sie gleichermaßen knappen

Ressourcen ausgeliefert sind (vgl. Grossmann/Lobnig 2013, S. 13). Kennzeichnend für Krankenhäuser ist der hohe bürokratische Aufwand (vgl. Schröck 1995, S. 12). Durch diese entsteht ein (starres) Vorschriften- und Regelwerk, welches umso stärker greift, je niedriger der Stand des Mitarbeitenden innerhalb der Organisation ist (vgl. ebd., S. 13). Der Aufbau und die Struktur von Krankenhäusern werden nachfolgend dargestellt.

2.4.1 Aufbau und Organisation der Organisation Krankenhaus

Deutschlandweit gab es im Jahr 2018 insgesamt 1927 Krankenhäuser (vgl. Statistisches Bundesamt 2019, o. S.). Eingeteilt werden können diese hinsichtlich der Trägerschaft (privat, gemeinnützig oder öffentlich), der Bettenzahl, der Fachrichtung (Allgemeinkliniken z. B. Unikliniken oder sonstigen Fachrichtungen z. B. psychiatrische Kliniken), der Versorgungsstufen (Grundversorgung, Regelversorgung, Maximalversorgung) (vgl. Menche 2019, S. 1395f.). Grundsätzlich lässt sich ein ähnlicher Aufbau für Krankenhäuser konstatieren, mit einer wie in der Industrie ebenfalls üblichen Einteilung der Leistungserbringer in primäre, sekundäre und tertiäre Bereiche (vgl. Conrad 2013, S. 108). Der medizinische Bereich wird dabei meist in

Fachabteilungen dargestellt, wie z. B. die Chirurgie, die innere Medizin oder die Gynäkologie (vgl. ebd., S. 109). Daneben sind weitere Abteilungen für einen reibungslosen Betrieb nötig (vgl. Kühnle 2000, S. 77). Typischerweise bekleiden Experten innerhalb des Krankenhauses Doppelpositionen, so dass sie sowohl im operativen als auch strategischen Bereich Führungsaufgaben übernehmen (vgl. ebd.). Die Rangfolge der Bereiche eines Krankenhauses wird als dreiteilig beschrieben und besteht aus der Verwaltung, der Pflege und ärztlichen Fachabteilungen (vgl. ebd.). Die enormen organisatorischen Leistungen eines Krankenhauses, vom täglichen Betrieb, über divergierende Stakeholder und weiteren typischen Herausforderungen der Expertenorganisation Krankenhaus, werden von Grossmann (vgl. 1995, S. 60-64) explizit betont. Dieser beschriebene Aufbau, sowie weitere notwendige Abteilungen der Expertenorganisation Krankenhaus lässt sich explizit in der nachfolgenden Abbildung wiederfinden.

Abb. 6: Aufbau eines Krankenhauses in Anlehnung an Schmitz 2020, S. 153

2.4.2 Der pflegerische Bereich

Der hierarchische pflegerische Aufbau eines Krankenhauses mag, je nach Größe, variieren. Die nachfolgend exemplarisch dargestellte Hierarchie für den pflegerischen Bereich, erscheint jedoch als übertragbar, auch für diese Arbeit. Dies begründet sich in großen Schnittmengen zum Aufbau der zugrundeliegenden Organisation dieser Arbeit.

83

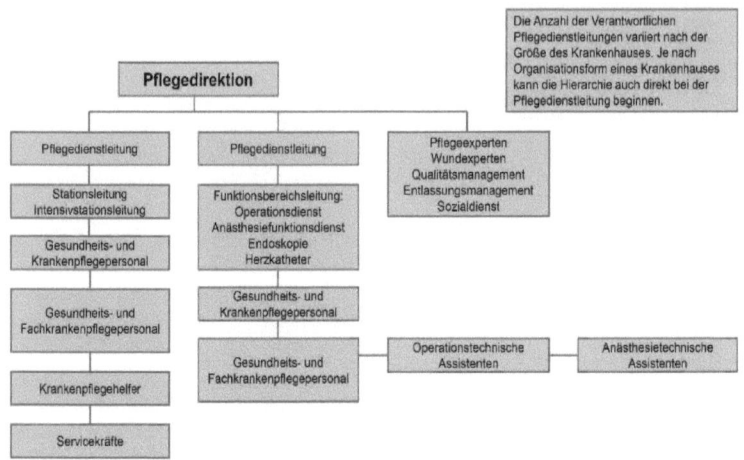

Abb. 7: Auszug aus Organigramm zur möglichen Organisationsstruktur eines Pflegedienstes in Anlehnung an Schrimpf/Becherer/Ott 2017, S. 26

Klassischer Weise findet sich als oberste Ebene die PD, welche ggf. dem Vorstand oder der Geschäftsleitung angehört, und Steuerungsaufgaben, Organisationsentwicklungsaufgaben und Aufgaben zu Personalentwicklung wahrnimmt (vgl. Schrimpf et al. 2017, S. 28). Auf der nächsten Ebene folgt die PDL, welche maßgeblich für die Bereiche Personal, Personalentwicklung, Personal-gewinnung verantwortlich ist und unmittelbar mit den Stationsleitungen zusammenarbeitet (vgl. ebd.). Auf der dritten Ebene folgen dann die Stationsleitungen, welche einem Stationsteam vorangestellt sind und für die Belange auf Stationsebene zuständig sind (vgl. ebd.). Für alle drei Ebenen sind divergierende Fort- und Weiterbildungen von Nöten, bzw. Studiengänge zu absolvieren (vgl. ebd.). Hinzu kommt der ärztliche Bereich, der durch die notwendige interdisziplinäre Zusammenarbeit der Pflege ebenfalls überstellt ist (vgl. Kühnle 2000, S. 82). Die Anforderungen an pflegerische Stationsleitende sind überaus mannigfaltig. Möller (vgl. 2016, S. 76) benennt grundsätzlich notwendige Fähigkeiten für diese Position, wobei pflegerische Führungskräfte als zentrale Anlaufstelle für Qualitätsfragen und adäquate Rahmenbedingungen gesehen werden können. Überdies sind Führungskräfte dafür verantwortlich, dass jeder Mitarbeitende in Lernprozesse eingebunden wird (vgl. Argyris/Schön 1999, S. 195). Dies erscheint auch in den pflegerischen Bereich übertragbar. Die pflegerische Arbeit erfolgt grundsätzlich in stationsbezogenen Teams. Diese Arbeit gilt es grundsätzlich zu fördern (vgl. Grossmann/Lobnig 2013, S. 11). Die Autoren sehen Teamarbeit als eine Art Schlüssel, wenn es um die Gestaltung einer positiven Arbeitsumgebung geht (vgl. ebd., S. 12).

2.4.3 Krankenhäuser als lernende Organisationen

Das Krankenhaus als nicht-pädagogische Organisation, mit seinen Strukturen, Hierarchien, interdisziplinären Organisationsmitgliedern Stakeholdern, sowie spezifischen ökonomischen und gesetzlichen Rahmenbedingungen, ist in der Literatur nur selten als Spezialfall der lernenden Organisation anzutreffen. Ausnahmen stellen hier u. a. Borsi

(2000), Kühnle (2000) sowie Grossmann und Lobnig (2013) dar. Auf die Besonderheiten nicht-pädagogischer Organisationen macht Geißler (vgl. 2009, S. 248) explizit aufmerksam. Mit der Weiterentwicklung des organisationspädagogischen Forschungsfeldes scheint ebenso eine Erweiterung des Blickwinkels auf Organisationen einhergegangen zu sein. Dies ermöglichte im Folgenden auch das Lernen von Organisationen zu thematisieren, welche nicht primär einem pädagogischen Zweck dienen (vgl. ebd., S. 239; Göhlich/Weber/Schröer 2016, S. 310).

Krankenhäuser mit ihren unterschiedlichen Abteilungen und heterogenen Aufgaben organisieren täglich eine Vielzahl von Prozessen, wobei auch diese Organisationen permanenten Neuerungen ausgesetzt sind (vgl. Grossmann/Lobnig 2013, S. 3). Daher ergibt sich auch für diese Art der Organisationen die Notwendigkeit, sich aufgrund wandelnder Bedingungen zu verändern (vgl. ebd.; Pfaff 1997, S. 323, Conrad 2013, S. 107). Zentral für jeglichen Lernprozess innerhalb der Organisation Krankenhaus erscheint zunächst der Aspekt eines positiven Lernumfeldes, bei dem es insbesondere um die Entwicklung der Organisationsmitglieder und der Organisation selbst geht (vgl. Borsi 2000, S. 128). Zur Motivation der Mitarbeitenden, sollte das Lernen möglichst „arbeitsnah" erfolgen, wobei auf besondere Spezifika eines Krankenhauses, wie strukturelle und gesetzliche Rahmenbedingungen und potenziellen Personalmangel, Rücksicht genommen werden sollte (vgl. ebd., S. 11). Mit Blick auf den pflegerischen Versorgungsbereich, kann konstatiert werden, dass es sich bei dieser Berufsgruppe um Experten handelt (vgl. Grossmann/Lobnig 2013, S. 7) handelt. Wie in Kapitel 2.1 dargestellt, ist der Pflegeberuf ein professioneller Beruf. Allerdings besteht die Gefahr möglicher Konflikte, welche sich aus der Konstellation zwischen professionellem Handeln und wirtschaftlichen Interessen ergeben können und Qualitätsfragen oder ethische[15] Aspekte bei der Patientenversorgung beinhalten (vgl. ebd., S. 8). Das Zusammenspiel und die Wirkweisen dieser Aspekte werden als „**[d]as magische Dreieck des Krankenhausmanagements** [Hervorhebungen im Original]" (Pfaff 1997, S. 324) betitelt. Der Autor konstatiert bereits 1997, dass die Abhängigkeit von Ressourcen, wie beispielsweise dem Personal, das Lernen von Organisationen dringend erforderlich macht (vgl. ebd., S. 325). Dies dürfte sich seitdem, im Zuge weiterer Privatisierungen und verschärfter Wettbewerbssituation am Gesundheitsmarkt, noch mehr bestätigt haben. Der Kostendruck auf die Organisation Krankenhaus nimmt immer weiter zu, so dass weiterführende Maßnahmen zur

---

[15] „Ethik ist ein reflektiertes Nachdenken über das moralische Handeln, um zu begründeten Entscheidungen zu gelangen" (Fölsch. 2020. S. 283).

Entwicklung notwendig werden (vgl. Grossmann/Pellert/Gotwald 1997, S. 24).

Nachdem die theoretischen Grundlagen für diese Arbeit ausdifferenziert wurden, wird im nächsten Kapitel der Schwerpunkt auf dem empirischen Design sowie der Erhebung und Auswertung der Daten liegen.

3 Methodisches Vorgehen und Forschungsdesign

Grundsätzlich besteht für erziehungswissenschaftliche Forschungsvorhaben die Wahlmöglichkeit zwischen unterschiedlichen Methoden zu Datenerhebung und Datenauswertung (vgl. Zierer/Speck/Moschner 2013, S. 50). Hierbei werden qualitative von quantitativen Methoden, sowie gemischte Formen, unterschieden, wobei die qualitativen Verfahren lange weniger Beachtung erfahren haben (vgl. Wichmann 2019, S. 2). Weiterhin wird mit einem qualitativen Ansatz ein anderes Ziel verfolgt als mit einem quantitativen, wodurch ebenfalls andere Fragen generiert werden sowie andere Methoden zur Beantwortung Anwendung finden (vgl. ebd., S. 3).

Ziel dieser Arbeit ist es, die einleitend dargestellte Forschungsfrage nach Veränderungsmöglichkeiten am „Lernort Praxis" durch organisationale Lernprozesse, zu beantworten. Dazu wurde in den vorangegangenen Kapiteln zunächst die Situation in der Pflege, hier besonders mit Blick auf den Personalmangel und der dringenden

Notwendigkeit, dass die Auszubildenden ihre Ausbildung erfolgreich nach drei Jahren abschließen, dargestellt. Über den Vergleich zum BBIG und entsprechenden Befunden, sowie fachspezifischen Untersuchungen aus dem Bereich Pflege, wurde dann die Abbruchgenese thematisiert und als multifaktorieller Prozess demaskiert. Es konnte aufgezeigt werden, dass der „Lernort Praxis" häufig seinen Anteil an diesem Prozess hat. Da dieser als von der Organisation als beeinflussbar eingeschätzt werden kann, konnte der Fokus dieser Untersuchung festgelegt werden. Durch das Untersuchungsdesign, welches dieser Arbeit zu Grunde liegt, sollen hier mögliche organisationale Lernprozesse für die praktische Ausbildung eruiert werden. Auf diese Weise könnte ein Beitrag zur Verbessrung der praktischen Ausbildungsqualität entstehen und als Schlussfolgerung die Ausbildungsabbruchquote positiv beeinflusst werden.

Für diese Arbeit wurde ein qualitativ forschendes Design gewählt. Das Ziel dieser Arbeit wird am Lernort Praxis verortet und bearbeitet. Methodisch gestaltet sich diese Arbeit anhand von Experteninterviews, welche anschließend transkribiert und mittels der qualitativen Inhaltsanalyse nach Mayring (2015, 2016) ausgewertet wurden. Dabei sind explizite Gütekriterien offen zu legen und durch den Forschenden zu reflektieren. Es werden sechs Gütekriterien, die es zu beachten gilt, beschrieben:

1. Dokumentation des Verfahrens	Vorverständnis darlegen, Analysemittel, sowie den Weg der Datenerhebung- und Auswertung
2. Interpretationen mittels Argumenten absichern	Theoriebezogenes Deuten, so dass mögliche Interpretationen sich auf diese beziehen. Dabei muss auf die Schlüssigkeit der geführten Argumentation geachtet werden
3. Regeln beachten	systematisches Vorgehen und Abarbeiten des vorher festgelegten Prozesses
4. Bezug zum Forschungsgegenstand	Durch die Durchführung im Umfeld der Teilnehmenden
5. Gültigkeit im Gespräch eruieren	Rückschlüsse von den Teilnehmenden selbst einholen, besonders wichtig, um die korrekte Verwertung von subjektiven Aspekten abzusichern
6. Anwendung unterschiedlicher Methoden und Sichtweisen	Möglichst die Fragestellung anderen

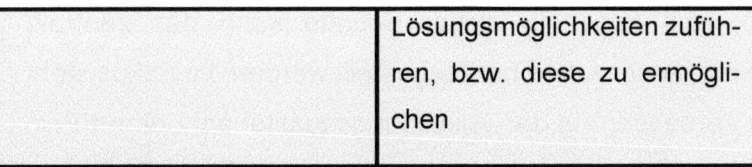

	Lösungsmöglichkeiten zuführen, bzw. diese zu ermöglichen

Tab. 1: Gütekriterien in Anlehnung an Mayring 2016, S. 144-148

Zudem sollen die allgemeinen Gütekriterien, „Prinzip der Offenheit" sowie „die Prinzipien eines theorie- und regelgeleiteten Vorgehens", für ein wissenschaftliches Forschungsprojekt angewendet und eingehalten werden, damit der Weg der Wissensproduktion nachvollziehbar ist, so wie von Gläser und Laudel (vgl. 2010, S. 30-32) gefordert.

3.1 Konkretisierung des Untersuchungsgegenstandes

Damit eine präzise Darstellung des untersuchungsleitenden Problems gewährleistet werden kann, soll im Folgenden eine gesonderte Strukturierung in Form eines Modells erfolgen, so wie von Kromrey (vgl. 2002, S. 111) empfohlen. Dieses Modell dient dabei ausschließlich der Darstellung der gesamten theoretischen Vorüberlegungen zum Thema dieser Arbeit und der Darstellung möglicher Ursachen sowie deren Wirkungen (vgl. Gläser/Laudel 2010, S. 78). Aus einer ersten Ideensammlung wurde nachfolgend ein Strukturierungsversuch unternommen, um anschließend essenzielle Aspekte für das forschungsleitende Interesse und die Forschungsfrage auszuwählen. Auch dieses Vorgehen orientiert sich dabei an Kromrey (vgl. 2002, S.

130). Als Ergebnis dieser Schritte kann das zentrale Thema dieser Arbeit herausgestellt werden. Im Fokus steht die Verbesserung der Ausbildungsqualität am Lernort Praxis durch organisationale Lernprozesse. Das forschungsleitende Interesse dieser Arbeit generierte sich dabei über empirische Befunde zu Ausbildungsabbrüchen in der Gesundheits- und Krankenpflege (vgl. Kap. 2.1.1), sowie die Coolout-Theorie (vgl. Kap. 2.1.3). Über die Durchführung der Experteninterviews soll dabei der Status Quo der praktischen Ausbildungsqualität am Lernort Praxis dargestellt werden. Dieser Bereich wird innerhalb dieser Arbeit als zentral angesehen, da durch ihn auf existierende Modelle zurückgegriffen werden kann, aus denen fortführend die Fragekategorien für die Interviews abgeleitet wurden. Es wird überdies davon ausgegangen, dass die praktische Ausbildung in den einzelnen Einsatzorten großen qualitativen Unterschieden unterliegt. Diese Unterschiede sollen durch die Experteninterviews ebenfalls demaskiert werden. Auf diesem Weg wird der organisationale Lernbedarf ermittelt. Grundsätzlich gilt das BIBB-Modell als geeignet, um festzustellen in welchen Qualitätsbereichen noch Defizite vorherrschen (vgl. Ebbinghaus et al. 2010, S. 48).

Durch die Vorüberlegungen wurden vermutliche Zusammenhänge bestimmter Teilaspekte aufgezeigt. Dazu gehört, dass die praktische Seite einer Ausbildung grundsätzlich als beeinflussbar angenommen wird. Sofern es also gelänge, diese Seite der Ausbildung qualitativ zu verbessern, könnten ebenfalls die Ausbildungsabbrüche, welche sich durch die praktische Ausbildung begründen lassen, reduziert werden. Dieses gesamte Vorgehen müsste damit im Bereich der primären Präventionsmöglichkeiten (vgl. Kap.2.2.3) angesiedelt werden. Das Modell zum Untersuchungsgegenstand stellt sich wie folgt dar:

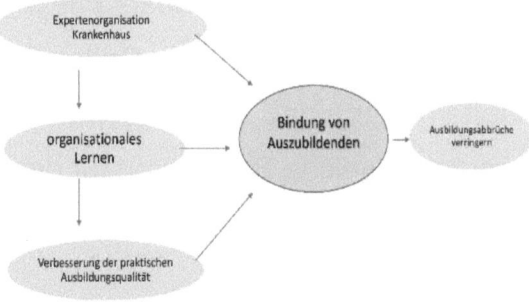

Abb. 8: Eigene Darstellung des Untersuchungsgegenstandes und möglicher Kausalzusammenhänge

Durch dieses Modell sollen die angenommenen kausalen Zusammenhänge dieser Arbeit dargestellt werden. Zur weiteren Erstellung des Interviewleitfadens wurden im nächsten Schritt Leitfragen erstellt.

3.2 Untersuchungsleitende Fragen

Als Verbindung der theoretischen Überlegungen und der qualitativen Untersuchung wurden entsprechende Leitfragen formuliert. Dieses Vorgehen wird von Gläser/Laudel (vgl. 2010, S. 90-92) explizit empfohlen, wobei die Leitfragen konkrete Aspekte identifizieren sollen, die der Beantwortung der Forschungsfrage dienen. Daraus ergeben sich folgende Leitfragen:

1. *Wie ist die individuelle Wahrnehmung der Ausbildung in der Gesundheits- und Krankenpflege?*
Inwiefern ist den Führungskräften die Bedeutung der Auszubildenden im Sinne des zukünftigen „Pflegepotentials" bewusst und welche Bedeutung für die Organisation hat das „Pflegepotential", welches durch die eigenen Auszubildenden entsteht?

2. *Was spricht für eine gute Ausbildungsqualität am Lernort Praxis?*
Inwieweit können qualitative Aspekte aus den Items des Qualitätsmodells am praktischen Lernort bestätigt werden?

3. *Wie wird den Besonderheiten des Arbeitens in einem Team Rechnung getragen?*

Inwieweit werden die Auszubildenden für die Dauer ihrer Einsätze in die wechselnden Stationsteams integriert?

4.   Wie wird kommunikativen und selbstreflexiven Aspekten Rechnung getragen?

Inwiefern gibt es für die Auszubildenden die Möglichkeit über sich und ihren Ausbildungsstand zu reflektieren.

5.   Inwieweit ist die praktische Ausbildung im Qualitätsmanagement der Klinik verankert?

Welche Standards und Prozessbeschreibungen gibt es von Seiten des praktischen Ausbildungsträgers?

3.3   Das Experteninterview[16] als methodologische Grundlage

Diese Form der Datenerhebung stellt eine von zahlreichen Möglichkeiten zur Interviewführung dar. Die Interviewpartner gelten hierbei als Experte in einem Gebiet bzw. einem Kontext (vgl. Mayring 2015, S. 33). Einen Überblick über die kontroverse Diskussion zu dieser Untersuchungsmethode schaffen Liebhold/Trinczek (vgl. 2009, S.

---

[16] In diesem Fall wird auf eine gendergerechte Schreibweise verzichtet (z. B. Expertiseinterview), da dieser Begriff sich in der methodologischen Literatur bisher nicht etabliert hat. Weiterhin wird durch die Verwendung des Begriffs „Experteninterview" klar zur Methode Bezug genommen.

32-35). Gleichzeitig gibt es innerhalb der qualitativen Forschung keine einheitlich verwendeten Begrifflichkeiten für die einzelnen Methoden (vgl. Helfferich 2011, S. 35f.). Grundlegend muss daher zunächst thematisiert werden, wie der Status eines Experten für diese Untersuchung zustande gekommen ist, bzw. vergeben wurde. Zierer et al. (vgl. 2013, S. 66) konstatieren hierfür die Entscheidungsfreiheit des Forschenden, sowie die organisationale Stellung der zu Befragenden und ihr Spezialwissen. Folgt man der soziologischen Definition für den Begriff eines Experten, können hier zunächst zwei Erklärungsansätze ausgemacht werden, wobei beide Ansätze, der differenzierungstheoretische und der wissenssoziologische, dabei auf das (Spezial-)Wissen der Teilnehmenden abstellen (vgl. Liebhold/Trinczek 2009, S. 33).

Die Experten, welche in dieser Arbeit interviewt worden sind, kennzeichnen sich alle durch die Position der Stationsleitenden bzw. deren Stellvertretung in derselben Organisation. Innerhalb des Krankenhauses ist den Stationsleitenden eine zentrale Stellung zwischen dem Team und seinen Mitgliedern, der PD und PDL (vgl. Kap. 2.4.2) inhärent. Pflegerische Führungskräfte spielen eine zentrale Rolle für die emotionale Stimmung und Lage ihrer Station (vgl. Grossmann/Greulich 2013, S. 105). Sie tragen entscheidend dazu bei, welche Art von Kultur sich auf der Station etabliert; dies betrifft sowohl kommunikative Aspekte als auch Aspekte der Wertschätzung, der Anerkennung und des Fehlermanagements (vgl. ebd.). Stationsleitende sollen die Praxisanleitenden und Auszubildenden unterstützen, Ausbildungsmöglichkeiten dienstplantechnisch berücksichtigen und kooperierend in Sachen Ausbildung agieren (vgl. Mamerow 2018, S. 26). Stationsleitende selbst gelten für den qualitativen Bereich als wichtiger Bestandteil (vgl. Grossmann/Heller 1997, S. 63). Dabei wird die Individualität der vorherrschenden (Stations-) Kulturen eines Krankenhauses betont und empfohlen diese bei Lernprozessen zu beachten (vgl. Borsi 2000, S. 122-124). Eine direkte Auswahl der Stationsleitungen war obsolet, da alle in der Coronakrise weiterhin geöffneten Stationen und deren Stationsleitungen in die Interviews einbezogen worden sind.

3.3.1 Aufbau und Entwicklung des Erhebungsinstruments: Der Interviewleitfaden

In der Literatur werden verschieden Interviewformen klassifiziert und anhand der Standardisierung unterschieden, wobei das für diese Arbeit gewählte teilstandardisierte Interview den ungefähren Wortlaut und die Reihenfolge der Fragen vorgab (vgl. Gläser/Laudel S. 41). Die Fragen des Leitfadens dienten somit der Orientierung (vgl. Zierer et al. 2013, S. 65) und der Anbindung an die zugrundliegende

Theorie dieser Arbeit. Die vorangegangenen Leitfragen dienten in der Folge der Operationalisierung des Interviewleitfadens und wurden nachfolgend in die Interviewfragen übersetzt, wobei der Leitfaden zum Führen der Interviews dabei als Richtschnur genutzt wurde, um gleichzeitig dem Interviewenden die Freiheit zu lassen, die Fragen in variabler Reihenfolge zu stellen und sie in ihrer Form an die Interviewten und den Gesprächsverlauf anzupassen (vgl. Gläser/Laudel 2010, S. 142f.). Für den Interviewleitfaden wurde beachtet, die Fragen klar und verständlich zu stellen, wobei es vor allem darum geht, einen Erzählstimulus beim Interviewten zu generieren (vgl. ebd., S. 145). Der komplette Interviewleitfaden ist dem Anhang I beigefügt. Grundsätzlich setzt dieser sich aus vier Themenblöcken zusammen. Die ersten Fragen zu berufsbezogenen und organisationalen Daten dienen der Einleitung des Gesprächs (vgl. ebd., S. 127) und werden in Kapitel 4.1 zentral zusammengefasst dargestellt. Der erste Themenblock fokussiert Auszubildende in der Pflege als zukünftiges Pflegepotential. Themenblock zwei widmet sich der Gestaltung des Lernort Praxis, Themenblock drei teambezogenen Aspekten und der vierte Themenblock kommunikativen[17] und reflexiven[18] Aspekten. Der abschließende Themenblock

---

[17] Bezogen auf verbale Kommunikation und existierende Regeln auf den Stationen.
[18] Reflexion ermöglicht ein erneutes Nachdenken der Arbeitssituation (vgl. (Fesl 2011, S. 88) am Lernort Praxis.

fokussiert das Qualitätsmanagement der Klinik als Träger der praktischen Ausbildung. Die konkreten Fragestellungen für den Interviewleitfaden wurden anteilig anhand der Qualitätskriterien des in Kapitel 2.2.4 vorgestellten Modells für die Ausbildungsqualität, sowie ergänzend aus den Anmerkungen Grossmanns und Lobnigs (vgl. 2013, S. 12-14) zur Gestaltung der Teamarbeit in Krankenhäusern entwickelt. Bezüglich der Teamarbeit sollen vor allem gestalterische Ansätze, Regeln und Vorgehensweisen im Interviewleitfaden fokussiert werden. Überdies lassen sich sowohl gesetzliche Vorschriften belegen als auch Befunde aus den vorgestellten empirischen Arbeiten anderer Autoren. Dazu ist dem Anhang eine tabellarische Auflistung der Interviewfragen mit Verweisen auf deren theoretischer Einbettung beigefügt (vgl. Anhang II). Dieses Vorgehen zur Konstruktion des Interviewleitfadens entspricht somit einem theoriegeleitetem Vorgehen. Dieses Prinzip ist, neben dem Prinzip der Offenheit und dem Prinzip des Verstehens, als Umsetzung der methodologischen Prinzipien für ein Interview mit Leitfaden, essenziell (vgl. Gläser/Laudel 2010, S. 115). Die entwickelten Themenbereiche des Interviewleitfadens, respektive die entwickelten Fragen (-komplexe), dienen allesamt dazu, die bisherige Ausgestaltung der praktischen Ausbildung im Bereich der Gesundheits- und Krankenpflege am Lernort Praxis zu untersuchen, um somit Rückschlüsse auf den Qualitätsaspekt ziehen zu können. Explizit geht es um die Analyse zentraler Prozesse und Verfahrensweisen, welche für eine qualitative Ausbildung gegeben sein sollten.

Vor der eigentlichen Durchführung der ersten Experteninterviews mit den Führungskräften der unterschiedlichen Stationen, wurde ein Pretest geplant und durchgeführt. Die Durchführung eines solchen Tests wird zur Sicherung des Offenheitsprinzips und zur Qualifizierung der gewählten Methode explizit empfohlen (vgl. ebd., S. 108). Der Pretest wurde demnach mit einer Kollegin geführt, welche früher selbst als Stationsleitende tätig gewesen ist und heute als zentrale Praxisanleitende fungiert. Danach ergaben sich folgende Änderungen am Interviewleitfaden selbst: Innerhalb des ersten Themenbereichs wurde als Abschlussfrage eine hypothetische Frage eingeführt, um die Bedeutung des Pflegepotentials im Sinne der Übernahme der eigenen Auszubildenden als examinierte Pflegekräfte zu unterstreichen. Die Bestätigung der besonderen Bedeutung des Pflegepotentials, welches durch Auszubildende entsteht, ist letztlich ein zentraler Aspekt, um die Importanz der Pflegeausbildung zur Kompensation des Fachkräftemangels zu untermauern. Hypothetische Fragen sollen subjektive Überzeugungen herausarbeiten, wobei sie nur eingeschränkt auswertbar sind, da sie nicht an die Realität gekoppelt sind (vgl. Gläser/Laudel 2010, S. 124). Weiterhin wurde in Themenbereich II eine Frage eingefügt, welche die materiellen Bedingungen des Lernens am Lernort Praxis herausarbeitet. Dieses Aspekt wird von Krewerth et al. (vgl. 2008, S. 5) explizit als Qualitätsmerkmal mit aufgeführt. Der Pretest erbrachte weiterhin die Möglichkeit die benötigte Technik zur Audioaufzeichnung der Interviews zu testen. Dieses Interview wurde jedoch nicht transkribiert, da die Interviewpartnerin nicht mehr als Stationsleitende tätig ist und somit nicht als ein Experte im Sinne dieser Arbeit gewertet werden kann.

3.3.2 Durchführung der Expertenbefragung zur Datenerhebung

Alle Teilnehmenden an den Interviews sind, wie in Kapitel 3.3 beschrieben, Stationsleitende oder deren Stellvertretung des Arbeitgebers der Autorin. Als Vorbereitung der Interviews wurde zunächst die Zustimmung für die Befragung der Experten vom Betriebsrat, der PD sowie dem Krankenhausdirektor eingeholt. Der Interviewleitfaden musste zudem durch den Betriebsrat genehmigt werden und wurde sowohl der PD als auch der Krankenhausdirektion zur Einsicht vorgelegt. Danach wurden die Stationsleitenden einzeln über das Vorhaben per E-Mail in Kenntnis gesetzt und ihre Bereitschaft zur Teilnahme erfragt (vgl. Anhang IV). Auch dieses Vorgehen wird von Gläser/Laudel (vgl. 2010, S. 159) empfohlen. Später erfolgte eine telefonische Terminvereinbarung (vom 10.6 – 19.06.) für die Durchführung der Interviews. Eine telefonische Kontaktaufnahme ist für die Kommunikation innerhalb der betreffenden Organisation obligat und kann demnach so vollzogen werden (vgl. ebd., S.161). Innerhalb der Telefongespräche wurde zunächst das Thema dieser Arbeit skizziert und den zu Interviewenden Nachfragen zum Interview selbst eingeräumt, sowie die geschätzte Dauer der Interviews kommuniziert (vgl. ebd., S. 163). Acht Interviews fanden innerhalb der Stationsräumlichkeiten, meist im Büro der Leitenden oder einem anderen separaten Raum statt, damit eine ungestörte Atmosphäre ermöglicht werden konnte (vgl. ebd., S. 170). Zwei Interviews fanden im Büro der Verfasserin dieser Arbeit, in den Räumen der Krankenpflegeschule, statt. Als Mitarbeitende des Unternehmens galt für die Autorin dieser Arbeit das dato gültige Betretungsverbot der Stationen nicht. Die Interviews wurden unter Einhaltung der entsprechenden Abstands- und Hygienerichtlinien durchgeführt. Zu Beginn jedes Interviews wurden durch die Interviewende Hinweise zur Anonymität, dem Datenschutz und zum der Thema der Arbeit gegeben (vgl. Gläser/Laudel 2010, S. 170). Dazu wurde den zu Interviewenden schriftlich der Datenschutz und die Anonymität versichert und von beiden Parteien unterschrieben (vgl. Anhang V). Die Interviews wurden zwischen dem 16.06.2020 und 26.06.2020 geführt. Die

Audioaufzeichnungen wurden durch ein digitales Diktafon sichergestellt. Eine spezielle Vorbereitung auf die Interviews erschien obsolet, da alle zu Interviewenden sowie die einzelnen Stationen der Autorin durch ihre berufliche Tätigkeit bekannt sind. Als Einstieg in jedes Interview wurden berufsbezogene und organisationsbezogene Daten erfragt, um den zu Interviewenden den Einstieg zu erleichtern (vgl. Gläser/Laudel 2010, S. 147). Im Anschluss an jedes Interview wurde zur Dokumentation der Interviewsituation ein Interviewbericht und Gedächtnisprotokoll angefertigt (vgl. ebd., S. 192). Im ersten Interview kristallisierte sich im Gesprächsverlauf heraus, dass die Auszubildenden keine Wahlmöglichkeit für die Ansprech- und Vertrauenspersonen haben. In diesem Zusammenhang wurde die Frage mit IP1 diskutiert, inwiefern selbstgewählte Vertrauenspersonen aus der Praxis für die Auszubildenden Sinn machen würden. Diese Fragestellung wurde insofern auch für alle weiteren Interviews berücksichtig.

3.3.3 Transkription der Interviews

Die Transkription wurde sofort nach Beendigung des ersten Interviews, am 16. Juni, begonnen und konnte nach einer endgültigen Durchsicht am 13.07. fertiggestellt werden. Transkribiert wurde mit der Software „EasyTranscript", welche unter Verwendung des VLC Media Players eine eigene Transkription ermöglicht. Die Dauer der einzelnen

Transkriptionen lag dabei circa zwischen fünf bis sechs Stunden. Inhaltlich erfolgte die Transkription vereinfacht, da der Fokus hierbei auf den Inhalten der Interviews liegt (vgl. Dresing/Pehl 2018, S. 17). Zur besseren Lesbarkeit wurden Wortdoppelungen und Stottern möglichst nicht transkribiert, Wortverschleifungen korrekt ausformuliert und Wort- oder Satzabbrüche durch das Abbruchzeichen „/" gekennzeichnet (vgl. ebd. S. 21). Pausen ab drei Sekunden wurden mit „(…)" versehen, unverständliches durch „(unv.)" markiert und explizit betonte Wörter in Versalien geschrieben. Lachen wurde mit „(lacht)" gekennzeichnet, die Beiträge des Interviewers wurden mit „(I)" gekennzeichnet, die Beiträge der Interviewten mit „(IP)", die Formatierung der jeweiligen Sprecher geschah absatzweise (vgl. ebd. S. 22). Die einzelnen Interviews wurden chronologisch mit der Nummerierung „IP1 bis IP10" versehen (vgl. ebd.). Textstellen welche Rückschlüsse zur Person oder zur Organisation ermöglichen könnten wurden zur Anonymisierung mit „X" versehen. Die Transkription der Interviews ist ein grundlegender Schritt, um das Textmaterial schließlich der qualitativen Inhaltsanalyse zuführen zu können (vgl. Mayring 2016, S. 89). Diese wird nachfolgend beschrieben.

3.4 Datenauswertung mittels qualitativer Inhaltsanalyse

Das Verfahren der qualitativen Inhaltsanalyse ermöglicht es generell Material, welches auf der Grundlage von Kommunikation entstanden ist, systematisch zu analysieren (vgl. ebd., S. 114). Dabei kann die Herangehensweise entweder zusammenfassend, explizierend, oder strukturierend gestaltet werden (vgl. Mayring 2015, S. 68). Im Allgemeinen folgt die qualitative Inhaltsanalyse nach Mayring (vgl. ebd., S. 62) einem zehnstufigen Modell, welches schlussendlich die Reduktion des Ausgangsmaterials zum Ziel hat. Im Kontext dieser Arbeit gestalteten sich die ersten Schritte des Analyseprozesses wie folgt:

Analyseschritt	Ergebnis im Kontext dieser Arbeit
1. Festlegung des Materials	Definition der Experten (vgl. Kap. 3.3), Informationen aus 10 geführten Experteninterviews
2. Analyse der Entstehungssituation	Alle Interviewpartner waren zuvor informiert, nahmen freiwillig teil, die Durchführung fand unter geeigneten Rahmenbedingungen statt, hatten Informationen zum Datenschutz (vgl. Anhang IV, V).
3. Formale Charakteristika des Materials	10 Interviews mittels Leitfaden in 1:1 Situation geführt, elektronisch aufgezeichnet und unter Anwendung der

	Regeln (vgl. Kap. 3.3.3) transkribiert.
4. Richtung der Analyse	Interviewleitfaden soll Rekonstruktion des IST-Zustandes der praktischen Ausbildungsqualität ermöglichen, weiterführend könnten sich somit Potentiale für organisationale Lernprozesse zunächst als single-loop Learning, möglicherweise fortführend als double-loop Learning ergeben.
5. Theoretische Differenzierung der Fragestellung	Faktor Zeit (vgl. Kap. 2.1.3), Darstellung der Abbruchgründe (vgl. Kap. 2.2.2), Ausbildungsqualität (vgl. Kap. 2.2.4), Abbrüche verhindern (vgl. Kap. 2.3.6), Modell Untersuchungsgegenstand (vgl. Kap. 3.1), Leitfragen (vgl. Kap. 3.2).
6. Bestimmung der Analysetechnik	Strukturierende Inhaltsanalyse (vgl. Anhang VII).
7. Festlegung des konkreten Ablaufmodells	Inhaltlich strukturierende qualitative Inhaltsanalyse mit deduktiver Kategorienbildung (vgl. Kap. 3.4, Anhang II, Anhang III),

Tab. 2: Darstellung der ersten Schritt des Ablaufmodells dieser Arbeit (eigene Darstellung in Anlehnung an Mayring 2015, S. 62)

Nachdem die Transkription beendet wurde, konnte am 17.07.2020 mit der Auswertung mittels der MAXQDA – Software begonnen werden. Hierzu wurden in Vorbereitung zunächst entlang der Theorie Kategorien gebildet und definiert (vgl. Anhang II; III), um dem dieser Arbeit inhärenten Begriffsverständnis für das Thema „Ausbildungsqualität" folgen zu können. Die Kategorienbildung kann somit als deduktives Vorgehen bezeichnet werden, da sie aus dem BIBB-Modell und anderer existierender Literatur abgeleitet wurde. Ein solches Vorgehen ist für die deduktive Kategorienbildung typisch (vgl. Mayring 2015, S. 85). Weiterführend wurde das Material somit anhand festgelegter Kriterien analysiert, ausgewertet und interpretiert (vgl. Mayring 2016, S. 114). Alle zehn transkribierten Interviews wurden in die MAQDA - Software hochgeladen, um dann anhand der Oberkategorien „berufsbezogene Daten, organisationsbezogene Daten, Auszubildende als Pflegepotential der Zukunft, Gestaltung des Lernort Praxis, teambezogene Aspekte, Kommunikation & Reflexion sowie Qualitätsmanagement der Klinik als Träger der praktischen Ausbildung", welche zur eindeutigeren Zuordnung zur Theorie in Unterkategorien aufgesplittet wurden, analysiert zu werden. Eine vollständige Darstellung aller gebildeten Ober- und Unterkategorien, sowie deren Definition, findet sich im Anhang III. Die Ober- und Unterkategorien wurden dabei ebenfalls in die MAXQDA – Software als Codes und Subcodes eingepflegt. Bei der Kodierung musste minimal ein Wort markiert werden und maximal ein Absatz. Diese Bestimmung der zu analysierenden Bestandteile wird mit „Kodiereinheit" und „Kontexteinheit" bezeichnet (vgl. Mayring

107

2015, S. 61). Auf diesem Weg wurde das gesamte Material der 10 Interviews mittels der Software MAXQDA analysiert. Insofern wurde innerhalb dieser Arbeit das Ziel einer „inhaltlichen Strukturierung" verfolgt. Hierbei sollen aus dem Textmaterial explizite Inhalte exportiert und reduziert werden (vgl. ebd., S. 99).

Anhand der ersten drei Interviews wurde eine Probecodierung durchgeführt und die Unterkategorie K21 zusätzlich gebildet. Nach der Kodierung der ersten fünf Interviews wurde erneut überprüft, ob die gebildeten Kategorien weiter Bestand haben können (vgl. Mayring 2016, S. 119f.). Hier ergaben sich keine weiteren Änderungen, so dass alle zehn Interviews kodiert und eine erste Exceltabelle mit MAXQDA erstellt werden konnte (vgl. Anhang VI). In dieser Tabelle wurden neben den Kategorien, auch die Zeilennummern und Originalaussagen aus den Interviews übernommen. Dadurch kann jederzeit eine Kontrolle anhand der Transkripte durchgeführt werden. Anschließend wurden in dieser Tabelle die Paraphrasierungen der Originalaussagen, ihre Generalisierung, sowie die erste Reduktion durchgeführt. Die zweite Reduktion für jede der Unterkategorien als endgültige Zusammenfassung wurde in einer neuen Tabelle durchgeführt (vgl. Anhang VII). Hierbei wurden die Ergebnisse aller zehn Interviews reduziert und pro Kategorie zugeordnet. Somit wurde sich bei diesem

Vorgehen an den Regeln zur Interpretation orientiert (vgl. Mayring 2015, S. 72). Durch die Zusammenfassung der Ober- und Unterkategorien wird dem Vorgehen einer strukturierenden Inhaltsanalyse Rechnung getragen (vgl. ebd., S. 103). Durch dieses Vorgehen konnte die große Textmasse zum einen reduziert und zum anderen der Beantwortung der Leitfragen zugeführt werden. Schließlich soll somit die Beantwortung der Forschungsfrage ermöglicht werden. Die Antworten der Interviews als Ergebnis der Empirie wurden somit konsequent anhand der Theorie bearbeitet, so wie von Gläser und Laudel (vgl. 2010, S. 262) empfohlen. Die Ergebnisse und die weiteren Arbeitsschritte werden nachfolgend daher explizit dargestellt.

4 Darstellung der Ergebnisse

Die Darstellung der Ergebnisse innerhalb dieses Kapitels wird anhand von zwei Abschnitten erfolgen. Begonnen wird dabei mit der Darstellung der zentralen Ergebnisse zu den Kategorien eins bis elf des Interviewleitfadens. Anschließend werden die untersuchungsleitenden Fragen (vgl. Kap.3.2) beantwortet, wodurch gleichzeitig die Ergebnisse der Oberkategorien zusammenfassend dargestellt werden können. Diese Darstellung wird deskriptiv anhand ausgewählter Kategorien erfolgen, wobei sich am Ende einer Oberkategorie eine zusammenfassende Tabelle mit allen Ergebnissen anschließt, da es sich bei zehn Interviews um

eine große Datenmenge handelt und somit die Übersicht-
lichkeit besser gewahrt bleibt. Abschließend sollen potenzielle organisationale Lernprozesse aus den Ergebnissen
abgeleitet werden. Alle Darstellungen beziehen sich auf
das Dokument „Strukturierende Inhaltsanalyse" (vgl. Anhang VII), sowie die einzelnen Transkriptionen der Interviews.

4.1 Ergebnisse der Oberkategorien 1-11

Die Ergebnisse der Kategorie 1-11 stellen berufsbezogene
und organisationsbezogene Daten zu den Interviewpart-
nern dar, so dass ein besseres Gesamtbild zur befragten
Kohorte entstehen kann. Somit wird Mayrings (vgl. 2016,
S. 20) Postulat der Subjektorientierung Rechnung getragen.

Die Kategorien 1-4 stellen berufsbezogene Daten zu den
Interviewten dar, welche sich auf die bisherigen Jahre der
Berufserfahrung beziehen und zum erleichterten Einstieg
der Interviewpartner dienten (vgl. Kap. 3.4).

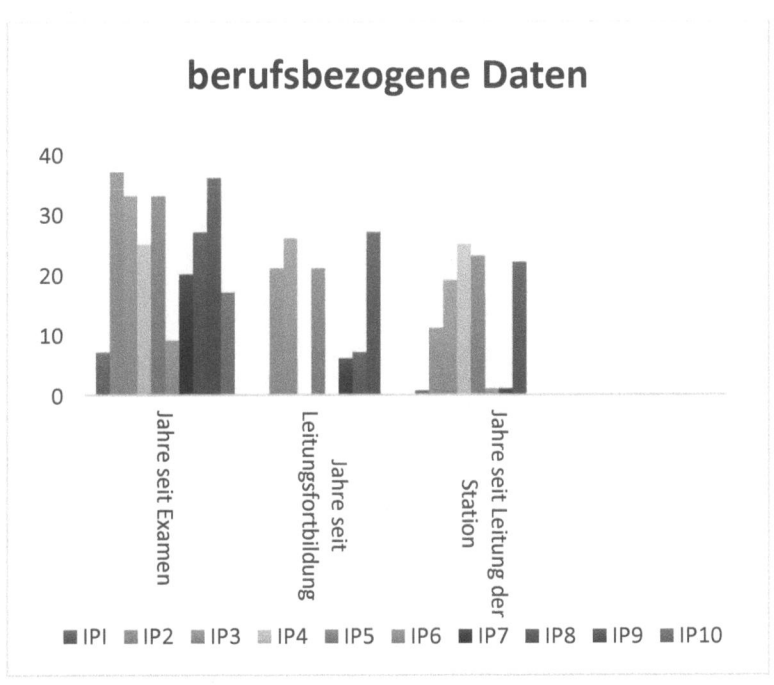

Abb. 9: Berufsbezogene Daten zu den Interviewten (eigene Darstellung)

Das Examen der Interviewten liegt zwischen 7 und 37 Jahren zurück. Vier Interviewte verfügen über keine Fortbildung zur Stationsleitung, bei den übrigen liegt diese zwischen 6 und 27 Jahren zurück. Als Stationsleitende sind die Interviewten zwischen 7 Monaten und 25 Jahren tätig. Bei IP10 handelt es sich um die stellvertretende Leitung der Station (vgl. Kap. 3.3). Kategorie vier legt dar, dass fünf der Interviewten bisher keine andere Leitungstätigkeit, auch nicht extern, ausgeführt haben. Die anderen fünf hatten zuvor eine andere Leitungsposition inne. Die organisationsbezogenen Daten (K5 - K11) stellen Details zu den Stationen und Teams dar und werden in der folgenden Abbildung aufgeführt.

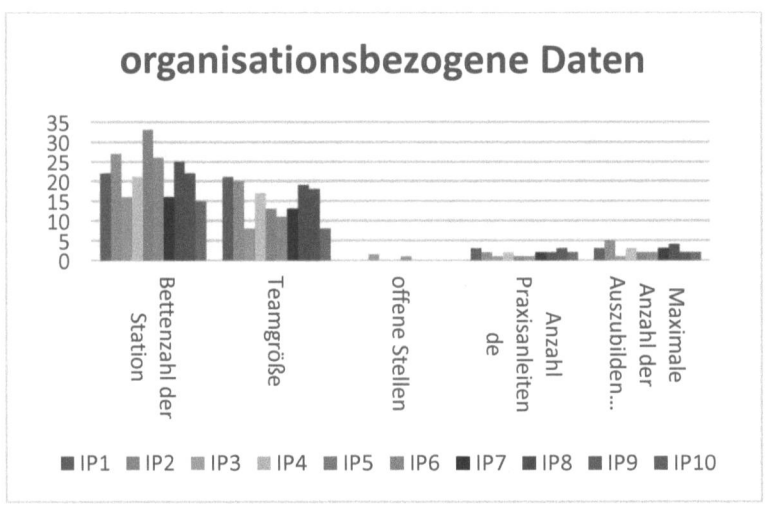

Abb. 10: Organisationsbezogene Daten (eigene Darstellung)

Die Bettenzahl der Stationen liegt zwischen 15 und 27 Betten, die Teamgrößen variieren zwischen 8 und 20 Pflegekräften. Aufgrund der Coronapandemie wurden personelle Umstrukturierungen notwendig, so dass sieben Interviewte äußerten derzeit keine offenen Stellen zu haben. Bei den anderen Stationen gibt es derzeit eine, respektive eineinhalb offene Stellen in der Pflege. Die Anzahl der ausgebildeten Praxisanleitenden variiert zwischen eins und maximal drei. Ihren praktischen Einsatz können zwischen zwei und fünf Auszubildende gleichzeitig auf den Stationen absolvieren. Keine konkrete Zahl gibt IP10 an, sondern

verweist auf die zur Verfügung stehenden Praxisanleitenden: „Da haben wir bisher noch keine äh Festsetzung ge-
habt. Es ist natürlich wünschenswert, dass man schaut.
Wir haben zwei Praxisanleiter." (IP10, ZN 50-51) Daher
scheint es so, als wenn die Anzahl der maximal sich im
Praxiseinsatz befindenden Auszubildenden mit der Anzahl
der Praxisanleitenden auf dieser Station korreliert. An die
praktischen Einsätze der Auszubildenden sind laut Aus-
sage von fünf Interviewten keine Bedingungen geknüpft.
Grundsätzlich muss jedoch bei Minderjährigen das Ju-
gendschutzgesetz angewendet werden. Überdies werden
Minderjährige teilweise als betreuungsintensiver empfunden: „Jetzt haben wir natürlich auch Schüler, die minder-
jährig sind. DIE müssen ganz besonders intensiv begleitet
werden." (IP7, ZN 57-59) Die Volljährigkeit ist bei zwei Stationen Grundvoraussetzung für den Einsatz (vgl. IP2, ZN
66-67; IP8, ZN 65). Die Frage, ob die Stationen eher einem
elektivem[19] Fachgebiet zugeordnet werden können, oder
auch Notfallzugänge aufnehmen, wurde äußerst heterogen beantwortet. Grundsätzlich ordneten sich jeweils drei
Stationsleitende dem elektiven bzw. notfallmäßigem Bereich zu, einmal wurde ein ausgeglichenes Verhältnis angegeben und drei Stationsleitende gaben beides als Möglichkeit an.

---

[19] „'Elektiv' bedeutet 'auswählend'." (Käding 2020, S. 801)

4.2 Beantwortung der untersuchungsleitenden Fragen

Die Oberkategorie „AB als Pflegepotential der Zukunft" bezieht sich insgesamt auf das zukünftige Pflegepotential durch die Auszubildenden im Unternehmen. Dabei bestätigte sich, dass Auszubildende einen enormen Stellenwert zur Kompensation des herrschenden Fachkräftemangels aufweisen, so wie in Kapitel 1.1 dargestellt. Die Akquise von passenden Auszubildenden findet dabei bereits teilweise während der praktischen Einsätze statt. Dazu äußerte sich IP2: „Also, wir sind schon so, dass wir auch während der Ausbildung schon gucken, wer könnte hier gut reinpassen." (IP2, ZN 82-83) Weiterhin gaben sechs Interviewte an, dass die ehemaligen Auszubildenden des eigenen Unternehmens gerne übernommen werden. Die Kategorie 13 bestätigt zudem, dass in der Vergangenheit sogar Fachkraftstellen unbesetzt blieben, sofern die Auszubildenden durch das Staatsexamen gefallen sind. Die zentralen Ergebnisse der Oberkategorie gestalten sich wie folgt:

Kategorie	Ergebnisse
K12 Fachkräfte-mangel kompensie-ren	- Akquise bereits in Ausbildung - Eigene Auszubildende werden gerne übernommen
K13 Notwendigkeit die Ausbildung	- Grundsätzlich positive Erfahrungen mit übernommen Auszubildenden

erfolgreich zu absolvieren	- Bringen frischen Wind, Kennen Organisation bereits
	- Stellen bleiben unbesetzt, wenn Examen nicht bestanden wird
K14 AB als potentielles Personal im eigenen Unternehmen	- Einarbeitung reduziert
	- Kennen Arbeitsweise der Auszubildenden, Auszubildende kennen Unternehmen
	- Haben bessere Vorkenntnisse, größere Nachhaltigkeit

Tab. 3: Ergebnisse der Oberkategorie „AB als Pflegepotential der Zukunft" (eigene Darstellung)

Die erste Leitfrage „*Wie ist die individuelle Wahrnehmung der Ausbildung in der Gesundheits- und Krankenpflege",* kann nun aus den zentralen Ergebnissen der Kategorien 12-14 einer Beantwortung zugeführt werden. Demnach erscheint das „Pflegepotential", welches in der eigenen Organisation ausgebildet wird, sehr bedeutsam. Dies wird auch von den Stationsleitenden so wahrgenommen und in den Interviews verbal zum Ausdruck gebracht. Auszubildende werden teilweise bereits während ihrer Ausbildung als potenzielle examinierte Kräfte akquiriert. Sechs Interviewte gaben an, dass sie Auszubildende der eigenen Organisation gerne als Fachkräfte übernehmen. Alle Interviewten berichten zudem über durchgängig positive Erfahrungen nach der Übernahme der eigenen Auszubildenden als examinierte Fachkräfte. Dazu äußerte IP2, dass sie „[r]ichtig gute Erfahrungen mit den ehemaligen eigenen äh

Auszubildenden" (ZN107-108) gemacht haben. IP3 gab an: „Aber dann gab es eben auch zwischendurch, eben im Haus selber, ne äh absolute „/". Ja absoluten Mangel. Das ja eben auch durchgefallen wurde." (IP3, ZN 113-115) Hieraus lässt sich schließen, dass die Organisation Stellen für Fachkräfte nicht besetzen konnte, sofern die Auszubildenden ihr Examen nicht bestanden haben. Fachkraftstellen bleiben insofern länger unbesetzt. Weiterhin lässt sich entnehmen, dass die Auszubildenden als potenzielles zukünftiges Personal als besonders wertvoll angesehen werden, da sie zum einen bereits bekannt sind und zum anderen bereits entsprechende Kenntnisse zu den Fachbereichen mitbringen.

Die Oberkategorie „Gestaltung des Lernort" Praxis enthält insgesamt elf Unterkategorien. Innerhalb dieser Oberkategorie sollte vor allem der Lernort Praxis mit seinen Rahmenbedingungen für die Auszubildenden dargestellt werden. Diese Kategorie steht daher besonders als Indikator für eine gute Ausbildungsqualität. Generiert wurden diese Kategorien, wie in Kapitel 3.4 beschrieben, aus den Items zur Input- und Prozessqualität (vgl. Beicht et al. 2009, S. 3) des Qualitätsmodells. Hier kristallisierte sich heraus, dass bereits die Einarbeitung (K15) der Auszubildenden zu Beginn ihrer praktischen Einsätze unterschiedlich gehandhabt und praktiziert wird. Es ist nicht verbindlich festgelegt, wie lange die Einarbeitung dauert, oder ob es festgeplante Mitarbeitende zur Einarbeitung gibt. „[...] [I]ch gucke schon, dass die ersten zwei Tage meist mit ein und demselben geplant sind." (IP6, ZN 121-122) Ob die Auszubildenden als volle Kraft auf dem Dienstplan zählen (K16), wird auch von den Rahmenbedingungen auf der Station und dem Ausbildungsjahr abhängig gemacht. Die vorhandenen Lernangebote (K17) reichen je nach Fachgebiet und Möglichkeiten von Arbeiten in der Küche bis hin zur Teilnahme an Untersuchungen. „Also, unser Ziel ist, dass die Schüler hier ganz viel sehen und mitnehmen." (IP2, ZN 254-255) Die Möglichkeit für die Auszubildenden eine Vertrauensperson aus der Praxis selbst zu wählen (K21), wird grundsätzlich positiv bewertet. Kritisch wurden hierzu notwendige Rahmenbedingungen thematisiert und Skepsis bezüglich des erhofften Effekts genannt. Hierzu äußerte IP1: „Wenn das klappen würde, fände ich das super! So eine Vertrauensperson aus der Praxis zu haben." (ZN 465-466) Wohingegen IP2 äußerte: „Äh, auch da wäre es wahrscheinlich, einige nehmen es an, und einige nicht." (ZN 374-375)

Kategorie	Ergebnisse	Kategorie	Ergebnisse
K15 Einarbeitung	- Schülerleitfaden oder Praxisordner für die Auszubildenden mehrfach vorhanden	K16 Verwertung auf dem	- Planung und Umsetzung unterschiedlich, teilweise

auf der Station	(IP1,2,3,6,10). Diese enthalten:	Dienst-plan	abhängig von Ausbildungsjahr (IP1,4)
	- Abläufe der Schicht (IP1, 2,3,6,10)		- Bei notwendiger 1:1 Besetzung sind Auszubildende immer extra (IP6)
	- Nur schriftlicher Schichtablauf IP8		IP8 und 9 zählen Auszubildende voll
	- Ggf. Teamvorstellung/ Stationsvorstellung		IP1,2,4,7 unterschiedlich, je nach Rahmenbedingungen
	- Auszubildende werden unterschiedlich an einen festen Mitarbeitenden geplant: zwischen einem Einarbeitungstag (IP8) und max. 10 Tagen (IP3) - divergiert auf jeder Station, Planung kann nicht immer gewährleistet werden, personell abhängig		IP1, 4, mache dies vom Ausbildungsjahr abhängig
	- Einarbeitung von unterschiedlichen Mitarbeitenden übernommen, mal Praxisanleitende, mal examinierte Kraft		
	- Einarbeitung nach divergierenden Konzepten, keine Einheitlichkeit. IP5 und IP9 geben		

	umfangreiches Konzept an, IP4 von Konzept des Unternehmens, IP7 Schulkonzept		
	- Schülerleitfäden und Schichtabläufe werden nicht grundsätzlich schriftlich ausgehändigt		
K17 Spezielle Lernangebote auf der Station	- Lernangebote je nach Fachgebiet und Möglichkeiten - Auszubildende dürfen auswählen (IP2) - Spektrum von Küchenarbeiten (IP8) bis zusehen bei Diagnostik (IP2)	K18 Arbeitsplatzgestaltung und Organisation	- Gestaltungsmöglichkeiten in Absprache (IP1, 2,3,4,5,6,7,8,9,10) - Es wird Eigenmotivation, Eigeninitiative und Interesse erwartet Absprachen zur Arbeitsaufteilung Teilweise werden Aufgaben zugewiesen - Handlungsspielraum abhängig von Rahmenbedingungen und Ausbildungsstand - Es gibt spezielle Aufgaben, die von Auszubildenden gemacht werden müssen. Dazu gehört die Messung der Vitalzeichen (IP2)

K19 Anwendung des theoretischen Wissens K19 Anwendung des theoretischen Wissens	- Erstgespräch als Verknüpfung zur Theorie (IP1,4), wobei theoretische Vorkenntnisse oft zu unbekannt sind (IP3) - Praxisanleitertage - Diskrepanzen ansprechen, in Beisammensein mitteilen, einfach äußern Fachlich fundiertere Kollegen nehmen dies besser an - Ist abhängig vom Vorwissen zum Fachgebiet bzw. Unterrichtsinhalten - Häufig stellen Auszubildende keine Fragen	K20 Ansprechpartner und Vertrauenspersonen K20 Ansprechpartner und Vertrauenspersonen	- Grundsätzlich die Praxisanleitenden, die ggf. auch zugeteilt werden - Auszubildende haben in der Vergangen sich bereits eigenständig an Person des Vertrauen gewandt - Keine offiziellen Möglichkeiten eine Vertrauensperson zu benennen - Alle im Team bei Problemen ansprechbar - Ersatzpersonen ebenfalls nicht festgelegt
K21 gewählte Vertrauenspersonen aus der Praxis	- Idee wird grundsätzlich positiv bewertet, auch wenn Rahmenbedingungen zu klären wären. - Skepsis herrscht über den positiven Effekt. Fraglich, ob damit nur die	K22 Faktor Zeit	Sehr heterogene Situation auf den Stationen: - Wenn Auszubildende nicht als volle Pflegekraft zählen, dann ist der Faktor Zeit kein Problem - Abhängig von Jahreszeit

	Auszubildenden erreicht würden, die sich ohnehin trauen etwas zu sagen - Wäre eine Entlastung der Pflegeschule		- Abhängig von Ressourcen und Rahmenbedingungen der Station Teilweise nur über Berücksichtigung im Dienstplan oder an Praxisanleitertagen umsetzbar - Auch wenn scheinbar kein Zeitlimit existiert, gibt es Obergrenzen, welche im Rahmen des Zeitmanagements auch mit dem Auszubildenden besprochen werden würden - Besondere zeitliche Ressourcen z. B. für Prüfungsvorbereitung möglich
K23 Zusammenarbeit mit den Praxisanleitungen	- Zusammenarbeit mit den Praxisanleitenden nur über eine Vorplanung im Dienstplan möglich (Angaben von 1- maximal 5 Tagen) - Unterschiedliche Anzahl von Praxisanleitertagen - Bei 1:1. Besetzung nahezu nicht möglich,	K24 Lernmedien	- Lernmedien wie PC, Internet, Fachbücher durchgehend vorhanden - Übungsmaterialien unterschiedlich - Übungszwecke werden eher in Verbindung mit ärztlichen Anordnungen durchgeführt - Teilnahme an Untersuchungen - Informationsmaterial zu

	hier dann inten-sive Betreuung durch das Team	Krankheitsbildern und Therapien
		- Übung von prakti-schen Inhalten wie Fixierungen
K25 Pla-nung der prakti-schen Ausbil-dungs-inhalte	- Individuell	
	- Wenig bis keine Planung im Vorwege möglich	
	- Personell nicht möglich	
	- Curricularer Anschluss an theoretische Seite fehlt, auch weil Auszubildende sich zu wenig mitteilen	
	- Eigenes Formularwesen (IP2)	
	- Planung über Gesprächswesen, Umsetzung an Praxisanleitertagen. Praxisanleitende auch zustän-dig	

Tab. 4: Ergebnisse der Oberkategorie „Gestaltung des Lernort Praxis" (eigene Darstellung)

Mittels der Ergebnisse dieser Oberkategorie kann **die zweite Leitfrage** *„Was spricht für eine gute Ausbildungs-qualität am Lernort Praxis" beantwortet werden.* Sie diente innerhalb der Interviews als Erhebung des „Status quos" für die praktische Ausbildungsqualität*, da* die vier Bereiche innerhalb der Input- und Prozessqualität als zentral beein-flussbar zur Modifikation der Ausbildungsqualität durch die Organisationen selbst gelten (vgl. Krewerth et al., S. 4). Po-sitive Ergebnisse lassen sich vor allem aus den Kategorien 17, 18 und 24 ziehen. Für eine gute Ausbildungspraxis spricht demnach, dass es zahlreiche, heterogene und fach-spezifische Lernangebote auf den Stationen gibt. Auf den meisten Stationen existiert hierzu „[…] ein ganzer Katalog"

(IP5, ZN 192). Auch wenn zu erledigende Aufgaben teilweise durch „[...] feste Zuweisung dann auch" (IP8, ZN 344-345) verteilt werden, haben die Auszubildenden Möglichkeiten bei der Arbeitsplatzgestaltung und Organisation mitzuwirken. Einwirkungsmöglichkeiten sind „[...] schon sehr groß. Das ähm ist auch wichtig, dass sie auf eine Art und Weise sehr selbstständig sind" (IP7, ZN 196-197). Auf allen Stationen können Lernmedien wie PC, Internet und Fachbücher genutzt werden. Lediglich „Übungsmaterialien für Übungszwecke" stehen nicht überall zur Verfügung. Einige Stationen halten überdies Informationsmaterial zu den spezifischen Krankheitsbildern und Therapien gesondert bereit. Hierzu berichtet IP3: „Also wir haben jetzt zu jeder Aktion, die wir tätigen, sprich Akupunktur nach Nada [...], da haben wir schon einen kleinen Grundsatz, was eben auch tatsächlich schriftlich festgehalten ist [...]." (IP3, ZN 354-357) Als Ansprech- und Vertrauenspersonen fungieren grundsätzlich die Praxisanleitenden, welche den Auszubildenden zugeteilt werden. Die Auszubildenden haben besonders im Rahmen der Praxisanleitertage auch die Möglichkeit ihr theoretisches Wissen einzubringen. Dabei wird teilweise auch über das Gesprächswesen an die theoretische Seite angeknüpft. „[...] [W]ir versuchen schon, ähm soweit die Schüler denn das Erstgesprächsprotokoll auch vernünftig ausgefüllt HABEN, [...], da auch nochmal mit anzuknüpfen." (IP1, ZN 277-280)

Die dritte Oberkategorie „Teambezogene Aspekte" generiert sich ebenfalls anteilig aus den Items zum Qualitätsmodell, sowie aus weiterführender Literatur (vgl. Anhang II). Mit dieser Kategorie soll den Besonderheiten des Arbeitens in einem Team Rechnung getragen werden. Wie in Kapitel 2.4.2 beschrieben, zeichnet sich der pflegerische Beruf gerade durch Teamarbeit aus. Für die Auszubildenden stehen dabei stetig wechselnde Teams und variierende praktische Einsatzorte im Mittelpunkt (vgl. Kap. 2.1.2). Diese Kategorie setzt sich aus fünf Unterkategorien zusammen. Generell lässt sich festhalten, dass die Stationen „Offenheit und Ehrlichkeit" zur Kooperation präferieren und dies mit den Auszubildenden kommunizieren. „Aber ich bin immer dafür das offen zu thematisieren oder zumindest versuchen das offen zu kommunizieren." (IP4, ZN 394-395) Auf keiner der Stationen werden jedoch offizielle Regeln zur Kooperation (K26) oder für Konflikte (K27) kommuniziert. Dazu äußerste IP3: „Keine stehenden. Das läuft irgendwie automatisch." (IP3, ZN 401)

Kategorie	Ergebnisse
K26 Kooperationsregeln	- Keine offiziellen Regeln. Kommuniziert wird die gesamte Ansprechbarkeit des Teams, auch für Konflikte
	- Zuständigkeit der Praxisanleitenden und ggf. der Stationsleitung
	- Verhalten im Krankheitsfall, Dienstzeiten und Kleidung wird besprochen
	- Offenheit und zeitnahe Kritik ist gewünscht (IP10)
K27 Regeln für Konflikte	- Keine einheitlichen, offiziellen oder verbindlichen Regeln.
	- Angemessene Kritik, mit betreffenden Personen direkt sprechen
	- Nicht Schreien
	- Kritikgespräche in entsprechenden Rahmen
	- Umgangsformen in Erstgespräch kommuniziert (IP4)
K28 Unterstützung durch das Stationsteam	- Kommunikation als Unterstützung, ggf. mit Psychologen oder externer Person
	- Ängste Kommunizieren und Thematisieren
	- Unterstützung indem Tätigkeiten nicht alleine ausgeführt werden
	- Eigeninitiative wird ebenfalls erwartet
	- Gute Atmosphäre und Willkommenskultur
K29 Aufbau von Kooperationsbeziehungen	- Reguläre Möglichkeiten zum Aufbau von Kooperationsbeziehungen gibt es auf keiner Station
	- Eine Station bietet den Auszubildenden die Möglichkeit sich gegenseitig anzuleiten, dies wird als wichtige Ressource gesehen und die

	Auszubildenden würden sich eher trauen Fragen zu stellen
K30 Einbindung in das Stationsteam	- Teilnahme an Übergaben (außer IP6), Visiten, Supervisionen - Teilnahme Dienstbesprechungen nur IP2,4,8 und 10 je nach Thema - Keine Teilnahme an Feierlichkeiten bei IP3,7

Tab. 5: Ergebnisse der Oberkategorie „Teambezogene Aspekte" (eigene Darstellung)

Die dritte Leitfrage „Wie wird den Besonderheiten des Arbeitens in einem Team Rechnung getragen" kann nun ebenfalls einer Beantwortung zugeführt werden. Sofern Kritik geübt werden soll, sollte diese zeitnah erfolgen. „Wir wünschen uns das offen und ehrlich und nicht erst am letzten Tag." (IP10, ZN 268-269) Auch wenn keine offiziellen oder einheitlichen Regeln für Konflikte existieren, werden Konflikte auf allen Stationen in einem entsprechenden Rahmen bearbeitet. IP4 beschreibt zudem: „[…] [D]er respektvolle Umgang miteinander ist denke ich sowieso das Wichtigste." (IP4, ZN 404-405) Die Auszubildenden werden vielfältig, aber besonders durch Kommunikation, Hilfe bei den auszuführenden Tätigkeiten und eine gute Atmosphäre durch die Teams unterstützt. Durch die Teilnahme an Übergaben, Visiten und Supervisionen wird versucht die

126

Auszubildenden in das Team einzubinden. „Ähm, ansonsten sind die Schüler überall mit dabei." (IP1, ZN 522-523)

Die vierte Oberkategorie „Kommunikation und Reflexion" bezieht sich ebenfalls anteilig auf Items des Qualitätsmodells, sowie aus Empfehlungen weiterer Literatur (vgl. Anhang II). Grundlegend sollen hier die Kommunikation und Selbstreflexion untersucht werden. Sie setzt sich aus vier weiteren Unterkategorien zusammen. Eins der zentralen Ergebnisse ist, dass die Handhabung von Feedbackmöglichkeiten für die Auszubildenden (K31) nicht eindeutig geregelt zu sein scheint. Hierzu berichtet IP1: „[…] [I]m Endeffekt beim Erstgespräch, Zwischengespräch, Endgespräch." (IP1, ZN 531-532) Konträr dazu steht das Vorgehen bei IP2, die wöchentlich benotete Feedbacks durchführen: „Und wir machen das jetzt, dass jeder Schüler so einen Beurteilungsbogen kriegt und einmal in der Woche […] die gerade im Team sind, arbeiten diesen Bogen einmal durch." (IP2, ZN 381-385) Auf dieser Station existieren für die praktischen Einsätze der Auszubildenden im Abteilungshandbuch der Station eigene Formulare. Ähnliche Ergebnisse ergeben sich zu Kategorien K33 und K34. Der Austausch über die Auszubildenden im gesamten Team findet lediglich auf drei Stationen wöchentlich statt. Die festgelegte Möglichkeit zur Selbstreflexion wird den Auszubildenden nur auf zwei Stationen geboten. Hierzu äußerte

IP8: „Kein fester Termin. Kein fester Termin. Das sind ähm, das entsteht einfach aus dem Stationsablauf heraus und ähm, so dass man, wenn man ähm ja die Möglichkeit hat dann eben in das Gespräch zu gehen, oder man sitzt mal zusammen." (IP8, ZN 548-550) Konfliktgespräche (K32) finden in individueller personeller Zusammensetzung, je nach Konflikt statt. Dabei werden auch die Wünsche der Auszubildenden berücksichtigt, wer teilnehmen soll.

Kategorie	Ergebnisse
K31 Regel-mäßiges Feedback für Auszubil-dende	- Heterogenes Vorgehen der Stationen: - situatives Feedback (positiv wie negativ) - Feedback innerhalb des vorgegebenen Ge-sprächswesens - einmal wöchentlich Feedback - Teilweise unterschiedliche, oder eigens ent-wickelte Formulare dazu in Verwendung - IP2 erhalten Auszubildende wöchentlich eine Note - IP1,3,6,8,9, haben keinen jour fix
K32 Konflikt-gespräche	- Gesprächsführung individuell und nach Situ-ation und Anlass. Auszubildende haben teil-weise die Möglichkeit sich Vertrauensperson zu holen. - In der Regel mit Praxisanleitenden und oder Stationsleitung
K33 Aus-tausch über die Auszu-bildenden im	- IP2, 4, 10 einmal wöchentlich im Austausch zu den Auszubildenden - Andere Leitungen geben sehr heterogenes Bild ab.

Ge-samtteam	
K34 Möglichkeiten zur Selbstreflexion	- Versucht wird es nach Anleitungen - Zwei Stationen die einen jour fix haben

Tab. 6: Ergebnisse der Oberkategorie „Kommunikation & Reflexion" (eigene Darstellung)

Zu Leitfrage vier „Wie wird kommunikativen und selbstreflexiven Aspekten Rechnung getragen", kann festgestellt werden, dass Konfliktgespräche grundsätzlich in ihrer Zusammensetzung auch mit den Auszubildenden besprochen werden. Diese haben ebenfalls die Möglichkeit sich eine Person des Vertrauens dazu zu holen. „Also da ist dann immer eine Vertrauensperson vom Schüler noch dabei [...]." (IP2, ZN 612-613) Bei K31 ergibt ein sehr heterogenes Bild. Nach Angabe von IP2 erhalten die Auszubildenden wöchentlich ein Feedback. Im Gegensatz zu IP3,6,8,9, die keinen „jour fix" haben. Der Austausch über die Auszubildenden im Gesamtteam findet bei drei Stationen wöchentlich statt. „Jetzt ist ja alles BESSER. Und wir arbeiten mit einem Zettel, mit so einem Reflexionsbogen, den wir einmal die Woche hier im Team, also immer mittwochs [...] besprechen. Und dann dem Schüler eine Rückmeldung geben." (IP4, ZN 469-472) Die Möglichkeit für die

Auszubildenden zur Selbstreflexion haben nur zwei Stationen als „jour fix".

Mit der fünften Oberkategorie „Qualitätsmanagement der Klinik als Träger der praktischen Ausbildung" sollte untersucht werden, inwieweit es bereits Standards und Prozessbeschreibungen für die praktische Ausbildung im Qualitätsmanagement (QM) der Klinik gibt. Die untersuchte Organisation ist dabei nach KTQ[20] zertifiziert, von Seiten der Pflegeschule als gesamtverantwortliche für die Ausbildung (vgl. Kap. 2.1.2) existiert ein QM nach DIN EN ISO 9001:2015. Über dies wird für die praktische Ausbildung das Gesprächswesen, fachspezifische Anleitungen und Lernaufgaben für die praktischen Einsätze vorgegeben. IP3 äußert zu dieser Frage. „Also das Einzige was ich weiß ist, dass die Pflegestandards[21] im QM zu finden sind." (IP3, ZN 476-477) Und IP9: „Jetzt haben Sie mich, weiß ich nicht! Ja, bestimmt!" (IP9, ZN 402) Die zusammengefassten Ergebnisse werden nachfolgend tabellarisch dargestellt.

---

[20] Qualitätsmanagementmodell, welches speziell für Krankenhäuser geeignet ist (vgl. KTQ 2020, o. S.).

[21] Gemeint sind an dieser Stelle Pflegestandards als „'[a]llgemein gültige Normen, die den Aufgabenbereich und die Qualität der Pflege definieren'" (Menche 2014, S. 71).

Kategorie	Ergebnisse
K35	- Es wird auf die Pflegestandards verwiesen
	- Die Leitungen sind nicht informiert, verweisen hier auf die Praxisanleitenden
	- Keine der Leitungen kann spezifische Standards oder Prozessbeschreibungen benennen

Tab. 7: Ergebnisse der Oberkategorie „Qualitätsmanagement der Klinik als Träger der praktischen Ausbildung" (eigene Darstellung).

Die Antwort auf die **fünfte Leitfrage** „Inwieweit ist die praktische Ausbildung im Qualitätsmanagement der Klinik verankert" kann eindeutig beantwortet werden. Innerhalb des klinischen KTQ gibt es keinerlei Standards und Prozessbeschreibungen für die praktische Ausbildung der Gesundheits- und Krankenpflege. Lediglich an einem für alle Mitarbeitenden freizugänglichen Speicherort existiert ein Ordner, welcher im Rahmen der „Praxisanleiter – AG"[22] entstanden ist und weiterhin auch durch die Praxisanleitenden befüllt und gepflegt wird. Eine Station (IP2) hat im eigenen Abteilungshandbuch der Station Formulare entwickelt.

4.3 Ergebnisorientierte organisationale Lernprozesse

Durch die Beantwortung der untersuchungsleitenden Fragen im vorangegangenen Kapitel ist es möglich zu beurteilen inwiefern die Ausbildung am Lernort Praxis bereits die

---

[22] Organisationsinterner Zusammenschluss aller Praxisanleitenden des Klinikbereichs.

Anforderungen für eine qualitative Ausbildung, so wie sie theoretisch für diese Arbeit begründet ist (vgl. Kap. 2.2.4), erfüllt. Defizite, welche innerhalb der Kategorien aufgedeckt wurden, können somit zum Anlass genommen werden Potentiale für organisationale Lernprozesse zu identifizieren, um weiterführend die Qualität der praktischen Ausbildung zu verbessern. Hierzu wurde bereits in Kapitel 2.2.4 ausgeführt, dass das BIBB Modell zur Bewertung der bereits herrschenden Ausbildungsqualität grundsätzlich als geeignet erscheint. Dabei kann nicht von „der Ausbildungsqualität" gesprochen werden. Was eine Organisation individuell als „qualitativ" festlegt, ist ein Aushandlungsprozess aller involvierten Mitarbeitenden (vgl. Bundesinstitut für Berufsbildung 2015, S. 13).

Nach Argyris und Schön (vgl. Kap. 2.3.4) könnten die erkannten Defizite den ersten Schritt zum Lernen einer Organisation im Sinne eines „Einschleifenlernens" darstellen. Dies erscheint grundlegend nötig, damit die Veränderungen als organisationaler Lernprozess eingeordnet werden können (vgl. Zinth 2010, S. 69). Derlei Potentiale generierten sich aus den Interviews vor allem dadurch, dass kein stringentes, planvolles Vorgehen aller an der Ausbildung beteiligten Stationen in divergierenden Bereich erkennbar ist. „Die Qualität von Ausbildung ist geprägt vom methodischen Vorgehen in der Organisation, Planung und

Durchführung praktischer Ausbildung […]." (Mamerow 2018, S. 220) Besonders die Kategorien 15, 16, 22, 25 und 30 lassen keine solche Einheitlichkeit erkennen. Bezogen auf die Einarbeitung (K15) der Auszubildenden werden unterschiedliche Tage geplant. Diese Planung wiederum kann nicht immer eingehalten werden. „Ist geplant, ist leider aber auch nicht immer im Nachhinein umsetzbar." (IP1, ZN 193-194) Sofern jede Station ihre eigene Anzahl von Tagen zur Einarbeitung festlegt, sollte zumindest an der Planung festgehalten werden. Hierzu äußern auch Krewerth, Eberhard und Gei (vgl. 2008, S. 4), dass eine verbindliche Planung im beruflichen Alltag für die Auszubildenden zwingend erforderlich ist. Mangelnde Planung wurde zusätzlich innerhalb K25 deutlich: „Geplant (lacht)? Geplant?" (IP10, ZN 249) Und weiter: „Und wir planen im Vorwege erstmal nichts. Und wenn die Schüler dann kommen und sagen ich habe jetzt die und die Lernaufgabe, dann machen wir das spontan." (ebd., ZN 252-254) Die praktischen Ausbildungsinhalte sind nahezu ungeplant und finden demnach eher „à la minute" statt. Als Begründung hierfür könnten sowohl mangelnde personelle Ressourcen als auch ein fehlender curricularer Anschluss an die theoretische Seite genannt werden. Eine Ausnahme stellt IP2 dar. Diese Station hat zur Planung der praktischen Ausbildung ein eigenes Formularwesen im Abteilungshandbuch etabliert. Mit K16 und K22 sollten überdies Rückschlüsse auf den von Kersting (vgl. 2016, S. 18) identifizierten Hauptfaktor „Zeit" für eine patientenorientierte Pflege ermöglicht werden. Sofern die Auszubildenden „voll" auf dem Dienstplan zählen, kann davon ausgegangen werden, dass adäquate Zeitrahmen für die zu verrichtenden pflegerischen Maßnahmen nicht gegeben werden können. Dazu äußerte IP2: „Aber eben auch nur, wenn die Zeit es hergibt. Wenn sie natürlich in der Pflege gefordert werden, dann ist das schwieriger." (IP2, ZN 261-262) Die Notwendigkeit für „genügend Übungszeit" sieht ebenfalls das Qualitätsmodell des BIBB (vgl. Krewerth et al. 2008, S. 6). Die Anwendung des theoretischen Wissens (K19) geschieht grundsätzlich im pflegerischen Alltag. Allerdings kann eine mangelnde Verknüpfung zur theoretischen Seite festgestellt werden: „So dass wir eigentlich auch so wenig wissen, wo ist denn da der theoretische Stand." (IP3, ZN 237-238) Weiterhin sollen die Auszubildenden neues Wissen „einfach mitteilen", beziehungsweise innerhalb der Praxisanleitertage[23] anwenden. Für die Dauer der praktischen Einsätze gibt es keine Möglichkeit für die Auszubildenden sich offiziell eine „eigene Vertrauensperson" zu wählen. Diese Möglichkeit hat eher „informellen Charakter". Die Ansprechpartner werden eher „zugeteilt", Ersatzperson ist,

---

[23] Praxisanleitertage sind in der zugrundeliegenden Organisation dieser Arbeit Tage, an denen die Praxisanleitenden freigestellt sind für die Anleitung der Auszubildenden.

falls nötig, das ganze Team. Feste Ansprechpersonen erachten auch Grossmann und Lobnig (vgl. 2013, S. 12) als essenziell, wenn es um die Arbeit in Teams geht, denn Sie empfehlen Verantwortlichkeiten und Zuständigkeiten fest zuzuordnen. Auch wenn die Autoren nicht konkret das Thema Ausbildung fokussieren, so werden die Aspekte für diese Arbeit dennoch als unabdingbar angesehen, da die Auszubildenden während ihrer wechselnden praktischen Einsatzorte neuen Teams gegenüberstehen. Ausbaufähig und somit verbesserungswürdig erscheint überdies die K23. Die Zusammenarbeit mit den Praxisanleitenden kann während der praktischen Einsätze an ein bis fünf Tagen gewährleistet werden. Stationen, die in einer 1:1 Besetzung arbeiten, gelingt es hingegen noch weniger. Insofern kann hier nicht davon ausgegangen werden, dass jederzeit Praxisanleitende zur Verfügung stehen, so wie im BIBB Modell verlangt (vgl. Krewerth et al. 2010, S. 39). Grundsätzlich fraglich bleibt, inwiefern die Auszubildenden in ihrer täglichen Arbeit durch das Personal begleitet werden. Nur IP2 äußerte hierzu konkret: „Äh, da kann jeder Kollege aber sehen, was der Schüler machen möchte, weil jeder ja grundsätzlich anleiten darf." (IP2, ZN 239-240)

Für die Kategorien 26-30 können ebenfalls Defizite und somit Potentiale für organisationale Lernprozesse herausgestellt werden. Diese beziehen sich v. a. auf fehlende offizielle Regeln zur Kooperation und für Konflikte, sowie fehlende Möglichkeiten Kooperationsbeziehungen aufzubauen. Insbesondere dem Aufbau von Kooperationsbeziehungen wird enorme Bedeutung zugemessen, damit Teams eine Entwicklung erfahren und arbeitsfähig bleiben (vgl. Grossmann/Lobnig 2013, S. 55). Lediglich eine Station gab hierzu die Möglichkeit an, dass die Auszubildenden sich gegenseitig anleiten. „Ähm, was sie hier im Alltag an Möglichkeiten haben, ist sich hier gegenseitig auch anzuleiten." (IP7, ZN 416-417) Diese Maßnahme begründet IP7 damit, dass die Auszubildenden sich untereinander eher trauen würden „[...] Fragen zu stellen [...]" (ebd., ZN 422). Keiner der Interviewten hat von verbindlichen Kooperationsregeln berichtet. Auch hier scheinen, wenn überhaupt, die Regeln informellen Charakter zu haben. Kooperationsregeln sollten jedoch fest definiert sein (vgl. Grossmann/Lobnig 2013, S. 12). Auch Regeln für Konflikte werden nicht offiziell aufgestellt und kommuniziert, so wie empfohlen (vgl. ebd., S. 13).

Weiterhin kann herausgestellt werden, dass ebenfalls aus den Kategorien 30-34 kein stringentes Vorgehen der an der praktischen Ausbildung beteiligten Stationen zu erkennen ist. Lediglich IP10 gab an, dass die Auszubildenden, je nach Thema, auch an Teambesprechungen teilnehmen dürfen. „[...] [W]enn es jetzt äh, ein sehr, sag ich mal brisantes Thema ist oder so etwas, nur tatsächlich das innere Team da betrifft, dann sind die Schüler da außen vor." (IP10, ZN 383-385) Teambesprechungen sind jedoch besonders geeignet, um formelle Kommunikation[24] in der Organisation Krankenhaus zu entwickeln und zu stärken (vgl. Grossmann/Lobnig 2013, S. 56). Auch die Teilnahme der Auszubildenden an Stationsfeiern ist keinesfalls selbstverständlich: „Aber, an den Feierlichkeiten nicht." (IP3, ZN 431) Dies könnte jedoch ebenfalls geeignet sein, um Kooperationsbeziehungen aufzubauen. Um den Anforderungen des Qualitätsmodells des BIBB zu genügen, sollten überdies regelmäßige Feedback- und Selbstreflexionsmöglichkeiten für die Auszubildenden geschaffen werden. Gleiches gilt für den Austausch im Gesamtteam. Auch wenn vereinzelte Stationen Möglichkeiten des Austauschs, Feedbacks und der Selbstreflexion eingeführt haben, so sind diese Maßnahmen weiterführend auch von den personellen Ressourcen abhängig und können nicht als standardmäßig implementiert gelten. Teilweise wirkten die Antworten der Interviewten in diesem Bereich arbiträr. Zu der Frage nach einem regelmäßigem Feedback für die Auszubildenden äußerte IP9: „Eigentlich am laufenden Band, sofern das dann angebracht ist." (IP9, ZN 375-376)

---

[24] Im Unterschied zu informeller Kommunikation, welche beiläufig durchgeführt wird, hat die formelle Kommunikation verbindlichen Charakter (vgl. Grossmann/Lobnig 2013, S. 56).

Auch aus der Kategorie 35, welche vorhandene Standards und Prozessbeschreibungen fokussierte, ergeben sich Potentiale für organisationale Lernprozesse, da bisher keinerlei ausbildungsspezifische Standards oder Prozessbeschreibungen im QM der Klinik verankert sind. Für die Ausbildung sollten jedoch spezifische Standards existieren (vgl. Mamerow 2018, S. 221). Lediglich aus dem QM der Pflegeschule werden im Rahmen des Gesprächswesens die entsprechenden Standards und Prozesse angewendet. Der pflegerische Bereich stellt deutlich die größte Berufsgruppe in einem Krankenhaus dar (vgl. Statista 2020, o. S.) und die praktische Ausbildung wird in den Krankenhäusern durchgeführt. Insofern könnte sich die Frage stellen, ob nicht auch die praktische Ausbildung der Gesundheits- und Krankenpflege im QM der Klinik verankert sein sollte.

Zusammenfassend kann festgehalten werden, dass über die Beantwortung der Leitfragen eins bis fünf, Möglichkeiten und Ressourcen für organisationale Lernprozesse generiert werden konnten. Diese könnten fortführend die Qualität der praktischen Ausbildung verbessern und weiterführend einen Einfluss auf die Ausbildungsabbrüche, welche sich durch den Lernort Praxis begründen lassen, haben. Die konkreten Kategorien werden nachfolgend graphisch dargestellt.

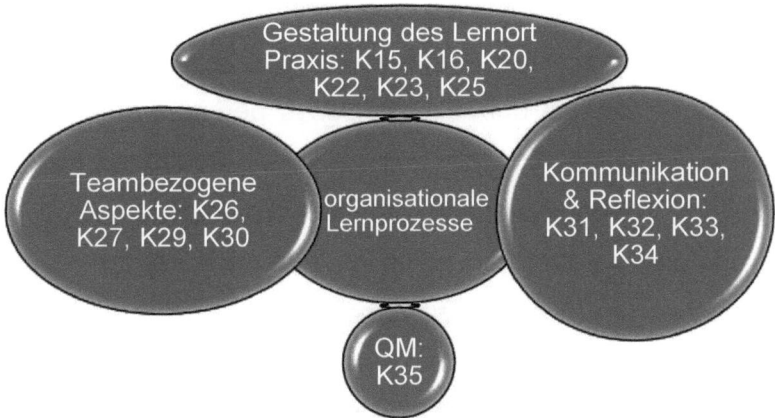

Abb. 11: Darstellung der von organisationalen Lernprozessen tangierten Kategorien (eigene Darstellung)

5 Fazit

Aus der durchgeführten Interviewstudie mit den zehn Stationsleitenden als Experten konnten mittels der qualitativen Inhaltsanalyse Ergebnisse, welche weiterführend die Forschungsfrage dieser Arbeit beantworten, abgeleitet werden.

5.1 Beantwortung der Forschungsfrage

Insofern können als Ergebnisse der Expertenbefragung explizite Möglichkeiten und Ressourcen herausgestellt werden, welche dem Lernort Praxis durch organisationale Lernprozesse zur Verfügung stünden, um die Ausbildungsqualität zu verbessern und Ausbildungsabbrüche zu verringern. Diese beziehen sich vor allem auf den Bereich der Ausbildungsplanung und Durchführung, so wie gefordert.

Konkret bestehen vor allem Möglichkeiten in der Implementation einheitlicher Vorgehen auf den Stationen. Weiterhin erscheint es unabdingbar, dass bereits Geplantes auch eingehalten wird. Ein einheitliches Konzept zur Einarbeitung, welches auf jeder Station verbindlich eingehalten und angewendet wird, sollte implementiert werden. Dabei geht es um mehr, als zur Einarbeitung einzelne Tätigkeitsnachweise abzuarbeiten. Vielmehr sollten für die Einarbeitungszeit verbindlich Mitarbeitende an die Seite der Auszubildenden geplant werden, inklusive einer Ersatzperson. Weiterführend sollte die Einarbeitungsdauer einheitlich festgelegt werden. Sofern die Auszubildenden bereits auf der Station in einem vorangegangen Einsatz eingesetzt gewesen sind, könnte die Einarbeitungsdauer angepasst werden. Als Ressource wird gesehen, dass die Auszubildenden nicht voll auf dem Dienstplan zählen sollten, um entsprechend Zeit für die Durchführung einer patientenorientierten Pflege zu haben. Die bisher implementierten Praxisanleitertage sollten als weitere Möglichkeit in ihrer Frequenz und Häufigkeit erhöht werden, da die Zusammenarbeit mit den Praxisanleitenden häufig nur an diesen Tagen überhaupt gewährleistet werden kann. Offizielle Regeln zur Kooperation und für Konflikte sollten entwickelt und entsprechend offiziell mit den Auszubildenden kommuniziert werden. Es wäre zu überlegen, welche Möglichkeiten zum Aufbau für Kooperationsbeziehungen von Seiten der

Praxis etabliert werden könnten, da bisher nur auf einer Station eine solche Möglichkeit besteht. Denkbar wäre es ebenfalls, auf jeder Station die Möglichkeit zu schaffen, dass die Auszubildenden sich gegenseitig anleiten, um auf diesem Weg Kooperationsbeziehungen aufzubauen. Die Teilnahme an Dienstbesprechungen könnte insofern ermöglicht werden, als dass nur Themen, welche die Auszubildenden nicht betreffen, oder „Interna" darstellen, ohne die Auszubildenden besprochen werden. Dies ließe sich evtl. durch eine entsprechende Positionierung auf der Tagessordnung der Dienstbesprechungen realisieren. Etwaige Themen könnten demnach gleich zu Beginn der Besprechung abgehandelt werden, oder am Ende. Somit könnten die Auszubildenden ebenfalls an Dienstbesprechungen teilnehmen, respektive bis zum entsprechenden Tagesordnungspunkt der Besprechung beiwohnen. Überdies sollte auch die Teilnahme an Feierlichkeiten der Stationen für alle Auszubildenden ermöglicht werden. Große Ressourcen für eine Verbesserung der Ausbildungsqualität scheinen weiterhin im Bereich der Reflexionsmöglichkeiten zu liegen. Feedback für die Auszubildenden, ein regelmäßiger Austausch im Gesamtteam und Möglichkeiten zur Selbstreflexion sollten in festgelegten Frequenzen durchgeführt werden. Die Ansprechpartner und Vertrauenspersonen für die Auszubildenden sollten inklusive Ersatzpersonen festgelegt werden. Überlegenswert in diesem Zusammenhang wäre Vertrauenspersonen aus der Praxis durch die Auszubildenden wählen zu lassen. Ebenso verbindlich sollten die Inhalte während der praktischen Einsätze geplant werden. Hier fehlt der Anschluss zu theoretischen Seite und ein eigenes Curriculum für die Praxis.

Auch wenn die Pflegeschulen als Gesamtverantwortliche für die Ausbildung fungieren und einzelne Standards und Prozessbeschreibungen für die praktische Ausbildung innerhalb des Qualitätsmanagements der Pflegeschule bereits vorhanden sind, könnte als Möglichkeit angedacht werden, ein separates Qualitätsmanagement mit entsprechenden Standards und Prozessbeschreibungen für die praktische Ausbildung auf Seiten der Klinik zu implementieren. Speziell zur Fokussierung der Ausbildungsqualität existieren bereits Anbieter auf dem Markt[25], welche diese mittels Audits überwachen und zertifizieren. Die Qualität in der beruflichen Bildung zu verbessern, ist nicht zuletzt auch Thema auf nationaler und europäischer Ebene (vgl. Bildung + Innovation 2009, o. S.). Über die Referenzstelle für Qualitätssicherung in der beruflichen Bildung (DEQA-VET), welche dem Bundesinstitut für Berufsbildung angegliedert ist, können weitere „Qualitätstools" zur

---

[25] Ein möglicher Anbieter ist „BEST PLACE TO LEARN®" (vgl. Best Place to Learn 2020, o. S.).

Verbesserung der praktischen Ausbildungsqualität einge-
sehen werden (vgl. DEQA-VET 2020, o. S.). Auch wenn
diese sich zunächst an kleine und mittlere Unternehmen
und Handwerksunternehmen richten, bieten sich die dargestellten Ebenen auch zum Übertrag in die Ausbildung
zur Gesundheits- und Krankenpflege an. Für den Bereich
der Altenpflegeausbildung existiert ein Modellprojekt, welches sechs Qualitätsbereiche zur Verbesserung der praktischen Ausbildungsqualität erarbeitet hat (vgl. Knoch/En-
gelhard/Hartmann/Marek 2016, S. 152ff.).

5.2 Diskussion der Ergebnisse

Ziel dieser Arbeit war es zu erkunden, inwiefern der Lernort
Praxis innerhalb der Gesundheits- und Krankenpflegeausbildung durch organisationale Lernprozesse in der Lage ist
die Zahl der Ausbildungsabbrüche zu verringern. Dazu
wurde die „Ausbildungsqualität" für den praktischen Teil
der Ausbildung fokussiert und theoretisch dargestellt, dass
durch eine verbesserte Ausbildungsqualität am Lernort
Praxis die Ausbildungsabbrüche vermindert werden könnten. Die Experten wurden dazu zu qualitativen Aspekten
der praktischen Ausbildung befragt. Die gewählte Methode
des Experteninterviews kann grundsätzlich als diffizil bezeichnet werden, da die Fragen inhaltlich von den Interviewten begriffen werden müssen (vgl. Gläser/Laudel
2010, S. 39). Die Fragen des Leitfadens sollen dabei

keinesfalls stoisch abgearbeitet werden, sondern dem jeweiligen Interview angepasst werden, so dass der Interviewverlauf mehr dem einer normalen Gesprächssituation gleicht (vgl. ebd., S. 150f.). Damit dieser Aspekt der Offenheit umgesetzt werden konnte, gab es am Ende der Interviews vier, fünf, sechs und neun keine Antworten auf einzelne Kategorien der organisationsbezogenen Daten. Allerdings erschien es unproblematisch diese Daten per E-Mail bei den Interviewten nachzufragen, da es sich um rein deskriptive Daten handelte. Diese E-Mails wurden zwischen dem 24.07.2020 und dem 27.07.2020 verschickt und entsprechend beantwortet. Weiterhin wurden die K21 mit IP9 und K24 mit IP6 nicht bearbeitet, da der Gesprächsverlauf der Interviews dies nicht hergab. Die Interviewpartner zu unterbrechen und zu den gewünschten Kategorien zu „lenken" kam nicht in Frage, da die zu Interviewenden nicht unterbrochen werden sollen (vgl. ebd., S. 173). Insofern liegen für diese beiden Kategorien Antworten aus acht Interviews vor, die die Ergebnisse darstellen. Die Kategorie K21 stellt dabei ohnehin eine Suggestivfrage dar, der die Meinung des Interviewpartners zu Grunde liegt.

Kritisch angemerkt werden soll, dass bereits durch das Informationsschreiben im Vorfeld (vgl. Anhang IV) ein Beeinflussung der Antworten durch die Informationen zum

Thema und Hintergrund dieser Arbeit möglich erscheint. Hierzu wurde versucht das Ziel der Untersuchung möglichst offen zu formulieren (vgl. Gläser/Laudel 2010, S. 160). Weitere Kritik könnte sein, dass die Antworten der Interviewten oftmals einen sehr „wohlwollenden", zeitweise „beschönigenden" Charakter aufwiesen. Teilweise fiel bei der Beantwortung der Fragen sogar eine gewissen Schüchternheit bzw. Zurückhaltung oder Unsicherheit auf etwas „Falsches" sagen zu können. Dies könnte damit begründet werden, dass keine der Stationsleitenden ein schlechtes Bild zum Thema Ausbildung und Ausbildungsqualität für „die eigene Station" entstehen lassen wollte. Die Möglichkeit aus den Ergebnissen in Form von organisationalen Lernprozessen Verbesserungspotentiale für die Ausbildung am Lernort Praxis zu generieren, könnte schlichtweg anders gedeutet bzw. mit kritisierenden Charakter wahrgenommen worden sein, auch wenn von Seiten der Verfasserin versucht wurde ein vertrauensvolles Verhältnis zu transportieren.

Das vorgestellte Qualitätsmodell des BIBB besteht insgesamt aus wesentlich mehr Items, als innerhalb dieser Arbeit letztendlich im Interviewleitfaden berücksichtigt werden konnten. Dies könnte dazu führen, dass die Ausbildungsqualität, welche ohnehin unscharf definiert ist, nicht in allen Facetten beleuchtet worden ist. Allerdings wurde

versucht in den insgesamt 21 entwickelten Kategorien einen Umfang darzustellen, der ebenfalls mit dem Umfang
dieses Forschungsvorhabens kompatibel, umsetzbar und
darstellbar erschien. Durch diese strikte Anbindung des Interviews an die theoretische Seite war es jedoch nicht möglich, den Interviewten die Möglichkeit einer eigenen Ausle-
gung des Qualitätsbegriffs einzuräumen.

Nachdem sowohl die Ergebnisse der zehn Experteninterviews dargestellt wurden als auch die Forschungsfrage beantwortet wurde, soll nachfolgend das Forschungsdesign
sowie das methodische Vorgehen diskutiert und reflektiert
werden. Dadurch soll auch selbstreflexiven Aspekten sowie Aspekten der Metakognition und Metakommunikation
Rechnung getragen werden, so wie von Prescher und
Stroh (vgl. 2012, S. 30) für wissenschaftliche Schreibpro-
zesse gefordert.

5.3   Kritische Reflexion des Forschungsdesigns und des methodischen Vorgehens

Die Themenwahl dieser Arbeit erfolgte anhand des beruflichen Alltags der Verfasserin als Dozentin an einer Pflegeschule. Das Problem der Ausbildungsabbrüche ist hier immer wieder präsent. Durch Ausbildungsabbrüche bleiben
zum einen Ausbildungskapazitäten, die dringend genutzt
werden sollten, ungenutzt und zum anderen verschlechtert
sich die Möglichkeit durch die Ausbildung dringend

benötigte Fachkräfte zu generieren. Die Planung dieser Arbeit begann mit der Erstellung des Exposees. Das Thema wurde durch den Betreuungsprozess spezifiziert. Der Zeitplan konnte mit geringen Abweichungen allumfassend eingehalten werden. Durch den Austausch mit Kommilitoninnen während des Schreibprozesses war es möglich ein regelmäßiges Feedback zu erhalten, so dass auch Hemmnisse, Blockaden und Unsicherheiten gut überwunden werden konnten.

Für diese Arbeit wurde ein empirisch qualitativer Ansatz zur Beantwortung der Forschungsfrage gewählt und die Experten für die Interviews entsprechend definiert. Dabei war es für den gesamten Forschungsprozess grundlegend, dass die in Kapitel 3 dargestellten methodologischen Prinzipien für einen Forschungsprozess sowie die Gütekriterien für eine qualitative Inhaltsanalyse (vgl. Tab. 1) eingehalten wurden. Zur Dokumentation des angewendeten Verfahrens wurde daher transparent dargestellt, wie sich der Untersuchungsgegenstand zusammensetzt (vgl. Abb. 8) und das Erhebungsinstrument (Interviewleitfaden) theoretisch begründet. Weiterhin wurden der Datenerhebungsprozess und die Datenauswertung offen dargelegt. Sofern das Ausgangsmaterial Interpretationen zuließ, wurde versucht diese an die theoretische Seite zu binden und somit abzusichern. Weiterhin wurde bei der Kodierung immer wieder auf die zuvor festgelegten Definitionen für die Kategorien (vgl. Anhang III) zurückgegriffen, um die Antworten möglichst trennscharf zuordnen zu können. Das gesamte Textmaterial der zehn Interviews wurde zudem regelgeleitet bearbeitet. Dabei wurde dem Ablaufmodell Mayrings (vgl. 2016, S. 120) für eine strukturierende Inhaltsanalyse gefolgt. Durch die ausgewählten Experten für die Interviews konnte sichergestellt werden, dass diese über ihre berufliche Tätigkeit bereits mit Ausbildungsabbrüchen konfrontiert waren. Insofern kann davon ausgegangen werden, dass es sich um kein unbekanntes Problem handelt, sondern eher zum Berufsalltag, bzw. zum Alltag in der praktischen Ausbildung gehört. Mayring (vgl. ebd., S. 146) spricht in diesem Zusammenhang davon, dass ein Bezug zum Alltag der Interviewpartner thematisch erforderlich ist. Die Ergebnisse der Interviews, welche durch die Paraphrasierungen und Reduktionen entstanden sind, wurden jedoch nicht im eigentlichen Sinne kommunikativ validiert. Besonders um Interpretationen abzusichern, ist dies ein probates Vorgehen (vgl. ebd., S. 147). Auf die Durchführung einer sogenannten „Triangulation" wurde bewusst verzichtet. Grundsätzlich geht es hierbei darum, unterschiedliche Methoden für eine Lösung anzuwenden und beispielsweise die qualitative Vorgehensweise mit einer quantitativen zu kombinieren (vgl. Zierer et al. 2013, S. 128). Mittels der MAXQDA Software wäre es zum einen ebenso möglich gewesen auszuwerten, welche Kategorien am meisten kodiert worden sind. Dies erschien jedoch für die Beantwortung der Forschungsfrage nicht notwendig oder zielführend, so dass auch in Hinblick auf den maximalen Umfang dieser Arbeit darauf verzichtet worden ist. Auch aus den erhobenen deskriptiven Daten hätten weitere Analyseschritte folgen können. Dabei hätte beispielsweise die Bettenanzahl (als Indiz für die Stationsgröße), die Anzahl der Praxisanleitenden und die Anzahl der maximal gleichzeitig eingesetzten Auszubildenden einer näheren Betrachtung zugeführt werden können, um darzustellen ob hier Korrelationen bestehen. Auch wenn sich hieraus initial Ergebnisse hätten ableiten können, welche ebenfalls wegweisend für die Ausbildungsqualität sein könnten, wurde darauf verzichtet, um den Antworten aus den Interviews den Vorrang einräumen zu können.

Um dem „Offenheitsprinzip" nachkommen zu können, welches grundlegend verlangt, dass die Forschenden auch neuen und unerwarteten Ergebnissen offen gegenüberstehen, sollten die Interviewten innerhalb der Interviews die Möglichkeit haben möglichst selbstbestimmt, mit eigenem Schwerpunkt zu antworten (vgl. Gläser/Laudel 2010, S. 115). Auf diesem Weg ist bei der Kodierung des ersten Interviews, bedingt durch den Gesprächsverlauf und die

Antworten von IP1 die K21 entstanden (induktiv[26]), welche als Suggestivfrage die Meinung der zu Interviewenden zum „Konzept einer gewählten Vertrauensperson aus der Praxis" erfragen sollte. Auch wenn dieses Konzept für die Pflegeausbildung bisher nicht probat ist, ist es innerhalb des grundständigen Schulsystems als „Vertrauenslehrerkonzept" etabliert. Manche Quellen bezeichnen diese Ansprechpersonen auch als Verbindungslehrer (vgl. Bayerisches Staatsministerium für Bildung und Kultus, Wissenschaft und Kunst 2016, S. 20). Da sich im ersten Interview herausstellte, dass Ansprechpartner und Vertrauenspersonen i.d.R. zugewiesen werden, es also für die Auszubildenden keine Möglichkeit gibt diese selbst zu wählen, und des Weiteren keine Ersatzpersonen verbindlich benannt werden, sollte die Praktikabilität des Konzepts innerhalb der praktischen Pflegeausbildung erfragt werden. Die Anpassung des Kategoriensystems untermauert das Prinzip der Offenheit (vgl. Gläser/Laudel 2010, S. 205). Alle weiteren Interviews wurden sodann mit einer entsprechenden Fragestellung geführt und die Kategorie 21 bei der Kodierung mitberücksichtigt.

Grundsätzlich ist die qualitative Inhaltsanalyse ein Verfahren, welches einer Struktur folgt und anhand von Regeln

---

[26] Kategorie, welche anhand des Textmaterials gebildet wurde (vgl. Mayring 2015, S. 85).

durchgeführt wird, so dass sämtliches Textmaterial den gleichen Schritten unterzogen wird (vgl. ebd., S. 204). Dies führt dazu, dass die Prinzipien des „theorie- und regelgeleiteten Vorgehens" eingehalten werden (vgl. ebd.). Wie in Kapitel 3.3.1 dargestellt, wurde der Leitfaden für die Interviews konsequent aus dem Theorieteil dieser Arbeit entwickelt. Die Eingrenzung der Gründe für Ausbildungsabbrüche auf den Lernort Praxis wurde dargestellt und begründet und auch der Hauptfaktor „Zeit" für die praktische Ausbildungssituation fokussiert. Die Fragen des Interviewleitfadens wurden durch Rückgriff auf das Qualitätsmodell des BIBB und weiterführender Literatur entwickelt. Auf diesem Weg wurde, so wie gefordert (vgl. ebd., S. 115), konsequent anhand der theoretischen Vorüberlegungen vorgegangen. Da jedoch das eigentliche Forschungsanliegen und seine Translation in die Interviewleitfragen wenig explizite Regeln vorgibt, ergeben sich für diesen Bereich grundsätzlich Unsicherheiten (vgl. ebd.). Bei der Darstellung des gesamten Forschungsprozesses und -designs wurde auf eine explizite und transparente Vorgehensweise geachtet. Dies betrifft ebenso den Vorgang des Kodierens, für welchen zuvor die Kategorien definiert und mit Ankerbeispielen belegt wurden (vgl. Anhang III). Auch der Auswertungsprozess orientierte sich an Regeln zur Interpretation (vgl. Mayring 2015, S. 72). Somit kann der Forschungsprozess an sich nachvollzogen und bei Bedarf

151

durch andere Forschende wiederholt werden. Als Einschränkung der Ergebnisse dieser Arbeit soll angebracht werden, dass, bedingt durch die Diversität der Organisation Krankenhaus, die Ergebnisse als individuell und spezifisch zu betrachten sind. Das Forschungsergebnisse aus einer Organisation nicht generell auf andere Organisationen übertragbar sind, wird von Weinert (vgl. 1998, S. 47) ausdrücklich dargestellt.

Abschließend soll kritisch angemerkt werden, dass die Analyseergebnisse nicht durch mehrere Forschende entstanden sind. Somit konnte kein Vergleich der Analyseergebnisse mehrerer Forschenden stattfinden, auch wenn dies grundsätzlich der Ergebnisabsicherung dient (vgl. Mayring 2015, S. 53). Es wird betont, dass „[i]n der Inhaltsanalyse [...] die *Intercoderreliabilität* [Hervorhebung im Original] eine besondere Bedeutung" (ebd.) hat.

5.4 Ausblick

Auch im letzten Quartal des Jahres 2020 ist das Coronavirus und die Pandemie ein Thema, welches den Alltag beherrscht. Im Verlauf des Jahres erhielt die Pflege viel Aufmerksamkeit, wobei fraglich ist, was sich reell bezüglich des Fachkräftemangels in den nächsten Jahren ändern wird. Auch wenn es im Verlauf des Jahres für diesen Berufsstand viel „Applaus" gegeben hat, erscheint das Thema dieser Arbeit durch den persistierenden Fachkräftemangel im Bereich der Gesundheits- und Krankenpflege umso essenzieller. Dass notwendiges Personal in vielen Bereichen fehlt, ist nicht zuletzt aufgrund der weiterhin herrschenden Coronapandemie in Deutschland ein aktueller Befund. Die organisationalen Lernprozesse zur Verbesserung der Ausbildungsqualität in der Gesundheits- und Krankenpflegeausbildung, welche fortführend auch die Ausbildungsabbrüche, welche durch den Lernort Praxis begründet sind, verringern würden, sollten insofern umgesetzt und angewendet werden. Dies würde im Sinne des organisationalen Lernens zunächst ein „Veränderungslernen" und fortführend ein „Verbesserungslernen" intendieren. Sofern Maßnahmen zur Verbesserung der praktischen Ausbildungsqualität in der Organisation umgesetzt würden, könnte mittels einer quantitativ angelegten Studie ebenfalls überprüft werden, ob die Zahlen der Ausbildungsabbrüche sich signifikant verringern. Ebenfalls denkbar wäre ein Forschungsanliegen, welches die Gründe für Ausbildungsabbrüche direkt bei den Auszubildenden fokussiert. Auch wenn die notwendige Wahrnehmung unter den examinierten Pflegekräften für die Notwendigkeit der Pflegeausbildung vorhanden zu sein scheint, sollte das Personal fortwährend für das Thema „Ausbildungsqualität" sensibilisiert und qualifiziert werden. Insbesondere die Praxisanleitenden erscheinen hier ein wichtiger Adressat. Weiterhin erscheint die Thematisierung des „Coolout-Phänomens" auch innerhalb der Ausbildung und Weiterbildung nötig. Um schließlich eine verbesserte Ausbildungsqualität zu erreichen, könnte ebenfalls an anderen „Stellschrauben" als an der praktischen Ausbildungsqualität justiert werden, um organisationale Lernprozesse durchzuführen. Hierzu bieten sich die anderen Bereiche des Qualitätsmodells des BIBB an, oder Items, welche innerhalb dieser Arbeit nicht beachtet worden sind. Möglich wäre in diesem Zusammenhang den Auszubildenden bereits während der Ausbildung Zusatzqualifikationen zu ermöglichen (vgl. Krewerth et al. 2008, S. 6). Weiterhin könnten Maßnahmen im Bereich der Input- und Outputqualität fokussiert werden. Ebenso könnte eine notwendige Verzahnung der Lernorte „Theorie und Praxis", zur Auflösung eines Theorie- und Praxiswiderspruchs, inhaltlich fokussiert werden. Sofern die praktische Ausbildung einer regelmäßigen (schriftlichen) Evaluation durch die Auszubildenden unterzogen wird, könnten sich auch durch die Auswertung eben dieser weitere Möglichkeiten und Ressourcen für organisationale Lernprozesse am Lernort Praxis generieren lassen. Jede Organisation sollte weiterführend für sich entscheiden, inwiefern sie die Qualität der Ausbildung regelmäßig überprüft.

Aus den durch das Statistische Bundesamt erhobenen Zahlen für die Gesundheits- und Krankenpflegeausbildung, bzw. zukünftig für die Ausbildung zur Pflegefachfrau/zum Pflegefachmann könnten sich weitere Ansätze für Forschungsarbeiten generieren. Daher erscheint es umso wichtiger, dass das neu eingeführte Screening für diesen Bereich ausgebaut und beibehalten wird. Die Ausbildungsberufe des BBIG scheinen hier deutlich besser untersucht, so dass differenzierte Zahlen auch für den Bereich der Pflegeausbildungen dringend notwendig erscheinen.

Um Auszubildende binden zu können, so dass sie die Ausbildung beenden, wären ebenfalls (wiederkehrende) Rituale als mögliche Maßnahme denkbar. Hierzu könnten, je nach Wünschen und Bedürfnissen der organisationseigenen Auszubildenden, spezifische Rituale implementiert werden. Denkbar wären beispielsweise „Auszubildendenstammtische", bei denen die Auszubildenden sich austauschen könnten. Zudem könnten Themen hier selbstgesteuert aufgegriffen und bearbeitet werden. In diesem Zusammenhang könnte es sich als sinnvoll erweisen die Praxisanleitenden hier zu involvieren.

Durch die Einführung der generalistischen Pflegeausbildung am 01.01.2020 soll die Ausbildung in der Pflege attraktiver werden. Unklar bleibt zu diesem Zeitpunkt, inwiefern dies durch eine generalistische Pflegeausbildung gelingt. Insbesondere der persistierende Fachkräftemangel wird sich weiterhin auch auf die Ausbildung auswirken. Ob eine gesteigerte Attraktivität jedoch ausreicht, um ausreichend Pflegepotential durch Auszubildende zu generieren, wird sich erst in den nächsten Jahren zeigen. Sinnvoller erscheint es, den in dieser Arbeit aufgezeigten „qualitativen Weg" zu beschreiten und (junge) Menschen dazu zu bringen die Ausbildung nicht nur anzutreten, sondern vielmehr auch zu beenden, indem man die Auszubildenden schon während der Ausbildungszeit durch eine qualitative praktische Ausbildung an die Unternehmen bindet. Hierzu sollten sich die Träger der praktischen Ausbildung vermehrt in der Pflicht sehen.

6 Literaturverzeichnis

Agnes-Karl-Gesellschaft (2019): *Mein Beruf: Pflegen*, Sammelband, Inhalte der DBfK- Aktion 2018 mit den Themen 'Pflege ist Leistungsfaktor', Arbeitsbedingungen und Lohnniveau sowie Arbeitszeit und Dienstplan. Online im Internet unter: https://www.dbfk.de/de/themen/mein-beruf-pflegen.php. (Aufgerufen am 22.05.2020).

Allmacher, A./Stähling, E. (2019*): Die Beziehung zwischen Auszubildenden und Pflegenden, eine pflegepädagogische Studie zum Einfluss auf das Lernen*, Best of Pflege, Wiesbaden: Springer Fachmedien.

Argyris, C./Schön, D.A. (1978): *Organizational Learning: A Theory of Action Perspective*, Reading, Massachusetts: Addison-Wesley Publishing Company.

Argyris, C./Schön, D.A. (1999): *Die lernende Organisation, Grundlagen, Methode, Praxis*, Stuttgart: J.G. Cotta`sche Buchhandlung.

Arnold, R. (2010): *Deutungsmuster*, in: Arnold, R./Nolda, S./Nuissl, E. (Hrsg.): Wörterbuch Erwachsenenbildung, 2., überarbeitete Auflage, Bad Heilbrunn: UTB, S. 63-64.

Arnold, R. (2009): *Seit wann haben Sie das? Grundlinien eines Emotionalen Konstruktivismus*, Heidelberg: Carl-Auer-Systeme Verlag GmbH.

Ausbildungs- und Prüfungsverordnung für die Berufe in der Krankenpflege (KrPflAPrV) vom 10. November 2003. Online im Internet unter: https://www.bgbl.de/xaver/bgbl/start.xav?start=%2F%2F*%5B%40attr_id%3D%27bgbl103s2263.pdf%27%5D#__bgbl__%2F%2F*%5B%40attr_id%3D%27bgbl103s2263.pdf%27%5D__1586343682138. (Aufgerufen am 17.05.2020).

Barbian, W./Loo, C. van de (2011): *„Und dann war es vorbei!" Beweggründe für den Ausbildungsabbruch in der Gesundheits- und Krankenpflege bzw. Gesundheits- und Kinderkrankenpflege,* München: Akademische Verlagsgesellschaft (AVM).

Bayerisches Staatsministerium für Bildung und Kultus, Wissenschaft und Kunst (2016): *Handbuch für Schülervertreter, neugierig, kreativ, engagiert.* Schneckenlohe: Appel & Klinger. Online im Internet unter: https://www.km.bayern.de/download/13000_stmbw_smvhandreichung_2016__ansicht.pdf. (Aufgerufen am 20.05.2020).

Bea, F.X./Göbel, E. (2010): *Organisation Theorie und Gestaltung*, 4., neu bearbeitete und erweiterte Auflage, Stuttgart: Lucius & Lucius Verlagsgesellschaft mbH.

Beicht, U./Krewerth, A./Eberhard, V./Granato, M. (2009): *Viel Licht- aber auch Schatten, Qualität dualer Berufsausbildung in Deutschland aus Sicht der Auszubildenden,* in: BIBB Report Forschungs- und Arbeitsergebnisse aus dem Bundesinstitut für Berufsbildung, Heft 9, Juli 2009, S. 1-14. Online im Internet unter: https://www.bibb.de/veroeffentlichungen/de/publication/show/2270. (Aufgerufen am 29.05.2020).

Berufsbildungsgesetz (BBIG) vom 23.03.2005, zuletzt geändert am 12.12.2019. Online im Internet unter: https://www.gesetze-im-internet.de/bbig_2005/BJNR093110005.html#BJNR093110005BJNG000100000. (Aufgerufen am 16.05.2020).

Best Place to Learn (2020): *Das Audit „PFLEGEBERUFE",* Gute Ausbildung im Gesundheitssektor. Online im Internet unter: https://www.bestplacetolearn.de/qualitaetsaudit-pflegeausbildung/. (Aufgerufen am 01.09.2020).

Bibliomed Pflege- Medizinische Verlagsgesellschaft (2018): *Altenpflege: Ausbildung besser als ihr Ruf.*

Online im Internet unter: https://www.bibliomed-pflege.de/alle-news/detailansicht/35859-altenpflege-ausbildung-besser-als-ihr-ruf/. (Aufgerufen am 29.05.2020).

Bildung + Innovation (2009): *Qualität in der Berufsbildung sichern*. Bildung + Innovation, das online Magazin zum Thema Innovation und Qualitätsentwicklung im Bildungswesen. Online im Internet unter: https://www.bildungsserver.de/innovationsportal/bil-dungplusartikel.html?artid=716. (Aufgerufen am 02.09.2020).

Blum, K./Offermanns, M./Steffen, P. (2019): *Situation und Entwicklung der Pflege bis 2030*. Online im Internet unter: https://www.dki.de/sites/default/files/2019-10/DKI%202019%20-%20Pflege%202030%20-%20Bericht_final_0.pdf. (Aufgerufen am 26.05.2020).

Bormann, I. (2002): *Organisationsentwicklung und organi-sationales Lernen von Schulen, Eine empirische Un-tersuchung des Umweltmanagements*, Schriften-reihe „Ökologie und Erziehungswissenschaft" der Ar-beitsgruppe „Umweltbildung" der Deutschen Gesell-schaft für Erziehungswissenschaft (DGfE), Wiesba-den: Springer Fachmedien.

Borsi, G.M. (2000): *Das Krankenhaus als lernende Organisation: zum Management von individuellen, teambezogenen und organisatorischen Lernprozessen*, 3. Auflage, Heidelberg: Asanger.

Brand, M./Markowitsch, H.J. (2009): *Lernen und Gedächtnis aus neurowissenschaftlicher Perspektive, Konsequenzen für die Gestaltung des Schulunterrichts*, in: Herrmann, U. (Hrsg.): Neurodidaktik, Grundlagen und Vorschläge für gehirngerechtes Lehren und Lernen, 2., erweiterte Auflage, Weinheim u. a.: Beltz Verlag, S. 69-85.

Brater, M. (2014): *Qualitätsentwicklung in der Berufsausbildung- „bottom up"*, in Fischer, M. (Hrsg.): Qualität in der Berufsausbildung, Anspruch und Wirklichkeit, Berichte zur beruflichen Bildung, Schriftenreihe des Bundesinstituts für Berufsbildung, Bielefeld: Bertelsmann Verlag, S. 227-258.

Bundesagentur für Arbeit Statistik (Hrsg.) (2019): *Arbeitsmarktsituation im Pflegebereich, Berichte: Blickpunkt Arbeitsmarkt.* Online im Internet unter: https://statistik.arbeitsagentur.de/DE/Statischer-Content/Statistiken/Themen-im-Fokus/Berufe/Generische-Publikationen/Altenpflege.pdf?__blob=publicationFile&v=8. (Aufgerufen am 29.05.2020).

Bundesinstitut für Berufsbildung (BIBB) (2020): *Ausbildungsabbrüche und Vertragslösungen- Nicht jede Vertragslösung ist ein Ausbildungsabbruch*, Bonn. Online im Internet unter https://www.bibb.de/de/699.php. (Aufgerufen am 13.05.2020).

Bundesinstitut für Berufsbildung (Hrsg.) (2015): *Leitfaden Qualität der betrieblichen Berufsausbildung*, 2., geänderte Auflage, Bonn. Online im Internet unter: https://www.bibb.de/veroeffentlichungen/de/publication/show/7503. (Aufgerufen am 18.05.2020).

Bundesministerium für Bildung und Forschung (BMBF) (2009): *Ausbildungsabbrüche vermeiden-neue Ansätze und Lösungsstrategien*, Band 6 der Reihe Berufsbildungsforschung, Bielefeld: Bertelsmann Verlag.

Bundesministerium für Familie, Senioren, Frauen und Jugend (BMFSFJ) (2019): *Ausbildungsoffensive Pflege (2019-2023), Vereinbarungstext, Ergebnis der Konzentrierten Aktion Pflege/AG 1*, 2. Auflage, Berlin. Online im Internet unter: https://www.bmfsfj.de/bmfsfj/service/publikationen/ausbildungsoffensive-pflege--2019-2023-/135566. (Aufgerufen am 29.05.2020).

Bundesministerium für Familie, Senioren, Frauen und Jugend (BMFSFJ) (2014): *Ausbildungs- und Qualifizierungsoffensive Altenpflege, die praktische Altenpflegeausbildung, ein Handbuch für ambulante und stationäre Pflegeeinrichtungen*, 2. Überarbeitete Auflage, Berlin. Online im Internet unter: https://www.bmfsfj.de/blob/93520/aecf73a1b7a7fd7 d7772a2576e079d3d/die-praktische-atenpflegeaus-bildung-handbuch-data.pdf. (Aufgerufen am 15.05.2020).

Bundesministerium für Gesundheit (2020): *Tagesaktuelle Informationen zum Coronavirus*. Online im Internet unter: https://www.bundesgesundheitsministerium.de/coronavirus.html. (Aufgerufen am 29.05.2020).

Burkhardt, B. (2019): *Auszubildende zwischen Anspruch und Wirklichkeit, vom Umgang mit Idealismus im Pflegealltag*, in: PFLEGE Zeitschrift, 8.2019/72, S. 23-25.

Büchel, B./Probst, G. (2018): *Organisationales Lernen, Theoretische Entwicklungen und praktische Umsetzungen*, in: Sulzberger, M./Zaugg, R.J. (Hrsg.): Managementwissen, Was Leader erfolgreich macht, Wiesbaden: Springer Fachmedien, S. 307-316.

Conrad, C.B. (2013*): Organisation Krankenhaus- Balance-akt zwischen Spezialisierung und Koordination*, in: Goepfert, A./Conrad, C.B. (Hrsg.): Unternehmen Krankenhaus, Stuttgart: Thieme Verlag, S. 107-122.

Dresing, T./ Pehl, T. (2018): *Praxishandbuch Interview, Transkription & Analyse.* Anleitungen und Regelsysteme für qualitativ Forschende, 8. Auflage, Marburg. Online unter: www.audiotranskription.de/praxisbuch. (Aufgerufen am 08.06.2020).

Deuer, E. (2015): *Ausbildungsabbrüche-Ursachen, Folgen und Handlungsfelder*, in: Brüggemann, T./Deuer, E. (Hrsg.): Berufsorientierung aus Unternehmenssicht: Fachkräfterekrutierung am Übergang Schule-Beruf, Bielefeld: Bertelsmann Verlag, S. 103-113.

Deutscher Bildungsrat für Pflegeberufe (Hrsg.) (2017): *Pflegeausbildung vernetzend gestalten- ein Garant für Versorgungsqualität.* Online im Internet unter http://bildungsrat-pflege.de/wp-content/uplo-ads/2014/10/broschuere-Pflegeausbildung-vernet-zend-gestalten.pdf. (Aufgerufen am 12.05.2020).

Deutscher Bundestag (2019): *Stand zur Umsetzung der Pflegeausbildungsreform.* Drucksache 19/10548. Online im Internet unter: https://dip21.bundes-tag.de/dip21/btd/19/105/1910548.pdf. (Aufgerufen am 30.05.2020).

Deutsches Institut für angewandte Pflegewissenschaften (2006): *Pflegeausbildung im Umbruch. Zusammenfassung der Ergebnisse der Pflegeausbildungsstudie Deutschland (PABiS)*. Online im Internet unter: https://www.dip.de/fileadmin/data/pdf/material/pabis-kurzbericht.pdf. (Aufgerufen am 11.05.2020).

DGB-Index Gute Arbeit (2018): *Arbeitsbedingungen in den Pflegeberufen*, Ergebnisse einer Sonderauswertung der Repräsentativumfragen zum DGB-Index Gute Arbeit, Berlin: Institut DGB-Index Gute Arbeit. Online im Internet unter: https://index-gute-arbeit.dgb.de/++co++fecfee2c-a482-11e8-85a5-52540088cada. (Aufgerufen am 26.05.2020).

DEQA-VET (2020): *Qualitätstools*. Online im Internet unter: https://www.deqa-vet.de/de/daqavet_91366.php. (Aufgerufen am 01.09.2020).

Ebbinghaus, M. (2016): *Qualität betrieblicher Ausbildung in Deutschland, Weiterentwicklung bisheriger Ansätze zur Modellbildung aus betrieblicher Perspektive*, in: Bundesinstitut für Berufsbildung (Hrsg.): Berichte zur beruflichen Bildung, Bonn. Online im Internet unter: https://www.bibb.de/veroeffentlichungen/de/publication/show/7934. (Aufgerufen am 11.05.2020).

Ebbinghaus, M./Krewerth, A. (2014): *Ausbildungsqualität und Zufriedenheit- Analysen aus Sicht von Betrieben und Auszubildenden in Deutschland*, in: Fischer, M. (Hrsg.): Qualität in der Berufsausbildung, Anspruch und Wirklichkeit, Berichte zur beruflichen Bildung, Schriftenreihe des Bundesinstituts für Berufsbildung, Bielefeld: Bertelsmann Verlag, S. 77-96.

Ebbinghaus, M./Flemming, S./Krewerth, A./Beicht, U./Eberhard, V./Granato, M. (2010): *BIBB-Forschungsverbund zur Ausbildungsqualität in Deutschland*, Qualitätssicherung in der betrieblichen Berufsausbildung, Ausbildung aus Sicht der Auszubildenden, gemeinsamer Abschlussbericht, Bonn. Online im Internet unter: https://www.bibb.de/de/dapro.php?proj=2.2.202. (Aufgerufen am 29.05.2020).

Falk, S. (2007): *Personalentwicklung, Wissensmanagement und Lernende Organisation in der Praxis*, in: Müller-Vorbrüggen, M. (Hrsg.): Personal- und Organisationsentwicklung, Band 2, 2. Auflage, München u. a.: Rainer Hampp Verlag.

Fassbender, P. (1997): *Auf dem Weg zum lernenden Unternehmen*, in Wieselhuber/Partner: Handbuch Lernende Organisation, Wiesbaden: Gabler, S. 55-65.

Fesl, S. (2011): *Reflexive Praxis mittels Fallarbeit als didaktische Methode*, in: Didaktik und Bildungsverständnis: Pädagogik in der Pflege- und

Therapieausbildung, Lernwelten Buchreihe Pflege-wissenschaft, Hungen: hpsmedia, S. 87-100.

Fleßa, S./Greiner, W. (2013): *Grundlagen der Gesund-heitsökonomie, Eine Einführung in das wirtschaftli-che Denken im Gesundheitswesen*, 3., überarbeitete Auflage, Berlin u. a.: Springer.

Fölsch, Doris (2020): *Ethische Normen in der Pflege*, in: I care Pflege, 2., überarbeitete Auflage, Stuttgart: Georg Thieme Verlag, S. 283-285.

Franken, R./Franken, S. (2011): *Integriertes Wissens- und Innovationsmanagement, mit Fallstudien und Bei-spielen aus der Unternehmenspraxis*, Wiesbaden: Gabler Verlag.

Franz, J. (2018): *Organisationspädagogische Lehr- und Lernforschung*, in: Tippelt, R./Schmidt-Hertha, B. (Hrsg.): Handbuch Bildungsforschung, 4., überarbei-tete Auflage, Wiesbaden: Springer Fachmedien, S. 1035-1052.

Frommberger, D. (2013): *Qualität und Qualitätsentwick-lung in der dualen Berufsausbildung in Deutschland, Wichtige Positionen und Interessen sowie ausge-suchte Befunde der Berufsbildungsforschung*, in: G.I.B. Gesellschaft für innovative Beschäftigungsför-derung mbH (Hrsg.), Bottrop. Online im Internet unter: https://www.gib.nrw.de/service/downloaddatenbank/frommberger-expertise-qualitaet-berufsausbildung. (Aufgerufen am 18.05.2020).

Gebert, D./Boerner, S. (1997): *Mentale Lernbarrieren in Organisationen und Ansätze zu ihrer Überwindung*, in: Wieselhuber/Partner: Handbuch Lernende Organisation, Wiesbaden: Gabler, S. 237-248.

Geißler, H. (2018): *Bildungstheoretische Grundlagen der Organisationspädagogik*, in: Göhlich, M./Schröer, A./Weber, S.M. (Hrsg.): Handbuch Organisationspädagogik, Wiesbaden: Springer VS, S. 127-138.

Geißler, H. (2009): *Das Pädagogische der Organisationspädagogik*, in: Göhlich, M./Weber, S.M./Wolff, S. (Hrsg.): Organisation und Erfahrung, Beiträge der AG Organisationspädagogik, Organisation und Pädagogik Band 7, Wiesbaden: VS für Sozialwissenschaften, S. 239-249.

Geißler, H. (2005): *Grundlagen einer pädagogischen Theorie des Organisationslernens*, in: Göhlich, M./Hopf, C./Sausele, I. (Hrsg.): Pädagogische Organisationsforschung, Organisation und Pädagogik Band 3, Wiesbaden: VS Verlag für Sozialwissenschaften, S. 25-42.

Geißler, H. (1994): *Vom Lernen in der Organisation zum Lernen der Organisation*, in: Sattelberger, T. (Hrsg.): Die lernende Organisation, Konzepte für eine neue Qualität der Unternehmensentwicklung, 2. Auflage, Wiesbaden: Springer Fachmedien, S. 79-96.

Gerrig, R.J./Zimbardo, P.G. (2008): *Psychologie*, 18., aktualisierte Auflage, München: Pearson Studium.

Gesetz über die Pflegeberufe (Pflegeberufegesetz- PflBG) vom 17. Juli 2017. Online im Internet unter: http://www.gesetze-im-internet.de/pflbg/BJNR258110017.html#BJNR25811001 7BJNG000100000. (Aufgerufen am 17.05.2020).

Gesetz über die Berufe in der Krankenpflege (KrPflG) vom 16. Juli 2003. Online im Internet unter: https://www.bgbl.de/xaver/bgbl/start.xav?start=%2F %2F*%5B%40attr_id%3D%27bgbl103s1442.pdf%2 7%5D#__bgbl__%2F%2F*%5B%40attr_id%3D%27 bgbl103s1442.pdf%27%5D__1585834666988. (Aufgerufen am 12.05.2020).

Gläser, J./Laudel, G. (2010): *Experteninterviews und qualitative Inhaltsanalyse als Instrumente rekonstruierender Untersuchungen*, 4. Auflage, Wiesbaden: VS Verlag für Sozialwissenschaften.

Göhlich, M. (2018): *Organisationales Lernen als zentraler Gegenstand der Organisationspädagogik*, in: Göhlich, M./Schröer, A./Weber, S.M. (Hrsg.): Handbuch Organisationspädagogik, Wiesbaden: Springer Fachmedien S. 365-379.

Göhlich, M. (2014): *Institution und Organisation*, in: Wulf, C./Zirfas, J. (Hrsg.): Handbuch pädagogische Anthropologie, Wiesbaden: Springer Fachmedien, S. 65-76.

Göhlich, M./Weber, S.M./Schröer, A./Schemmann, M. (2016): *Organisation und Methode, Eine Einführung in die Methodik pädagogischer Organisationsforschung*, in: Göhlich, M./Weber, S.M./Schröer, A./Schemmann, M. (Hrsg.): Organisation und Methode, Beiträge der Kommission Organisationspädagogik, Wiesbaden: Springer Fachmedien, S. 1-6.

Göhlich, M./Weber, S.M./Schröer, A. et al. (2016): *Forschungsmemorandum Organisationspädagogik*, in: Schröer, A./Göhlich, M./Weber, S.M./Pätzold, H. (Hrsg.): Organisation und Theorie, Beiträge der Kommission Organisationspädagogik, Organisation und Pädagogik Band 18, Wiesbaden: Springer Fachmedien, S. 307-319.

Grossmann, R. (1995): *Die Selbstorganisation der Krankenhäuser, Ein Schlüssel für die*

Organisationsentwicklung im „Gesundheitswesen", in: Grossmann, R./Krainz, E.E./Oswald, M. (Hrsg.): Veränderung in Organisationen, Management und Beratung, Wiesbaden: Springer Fachmedien, S. 55-78.

Grossmann, R./Greulich, A. (2013): *Führung und Organisationsentwicklung im Krankenhaus*, in: Lobnig, H./Grossmann, R.: Organisationsentwicklung im Krankenhaus, Berlin: MWV Medizinisch Wissenschaftliche Verlagsgesellschaft, S. 97-116.

Grossmann, R./Lobnig, H. (2013): *Organisationsentwicklung im Krankenhaus- Grundlagen und Interventionskonzepte*, in: Lobnig, H./Grossmann, R. (Hrsg.): Organisationsentwicklung im Krankenhaus, Berlin: MWV Medizinisch Wissenschaftliche Verlagsgesellschaft, S. 1-93.

Grossmann, R./Heller, A. (1997): *Leiten im Krankenhaus – eine qualitätssichernde Dienstleistung*, in: Grossmann, R. (Hrsg.): Besser Billiger Mehr, Zur Reform der Expertenorganisationen Krankenhaus, Schule, Universität, iff Texte Band 2, Wien: Springer, S. 62-67.

Grossmann, R./Pellert, A./Gotwald, V. (1997): *Krankenhaus, Schule, Universität: Charakteristika und Optimierungspotentiale*, in: Grossmann, R. (Hrsg.):

Besser Billiger Mehr, Zur Reform der Expertenorganisation Krankenhaus, Schule, Universität, iff Texte Band 2, Wien: Springer, S. 24-35.

Gudjons, H. (2008*): Pädagogisches Grundwissen*, 10., aktualisierte Auflage, Bad Heilbrunn: Julius Klinkhardt.

Helfferich, C. (2011): *Die Qualität qualitativer Daten, Manual für die Durchführung qualitativer Interviews*, 4. Auflage, Wiesbaden: VS Verlag für Sozialwissenschaften.

Herold, C./Herold, M. (2013): *Selbstorganisiertes Lernen in Schule und Beruf, Gestaltung wirksamer und nachhaltiger Lernumgebungen*, 2., erweiterte Auflage, Weinheim: Beltz.

Herrgesell, S. (2007): *Pflegehandeln an Qualitätskriterien und rechtlichen Rahmenbedingungen sowie wirtschaftlichen und ökologischen Prinzipien ausrichten, Themenbereich 7: Analyse und Vorschläge für den Unterricht* in: Warmbrunn, A. (Hrsg.): Werkstattbücher zu Pflege heute, München: Elsevier GmbH.

Hofmann, F. (2011): *Vor- und Nachteile von dualen Ausbildungssystemen, Konzeption von Praktika im Rahmen von (Aus-)Bildungsprozessen in der Gesundheits- und Krankenpflege*, in: Lernwelten: Didaktik und Bildungsverständnis; Pädagogik in der Pflege-

und Therapieausbildung, Hungen: hpsmedia, S. 29-36.

Isfort, M./ Rottländer, R./Weidner, F./Gehlen, D./Hylla, J./Tucman, D. (2018): *Pflege-Thermometer 2018. Eine bundesweite Befragung von Leitungskräften zur Situation der Pflege und Patientenversorgung in der stationären Langzeitpflege in Deutschland*, Deutsches Institut für angewandte Pflegeforschung e.V. (DIP) (Hrsg.), Köln. Online im Internet unter: https://www.dip.de/fileadmin/data/pdf/projekte/Pflege_Thermometer_2018.pdf. (Aufgerufen am 12.05.2020).

Junk, A. (2007): *Organisation der Pflegearbeit- Arbeitsbedingungen, Belastungsfaktoren und reformbedarf in der stationären Altenpflege*, Dissertation der Universität Erfurt. Online im Internet unter: https://www.db-thueringen.de/servlets/MCRFileNodeServlet/dbt_derivate_00014159/junk.pdf. (Aufgerufen am 12.05.2020).

Käding, H. (2020): *Pflege von Menschen in der perioperativen Phase*, in: I care Pflege, 2., überarbeitete Auflage, Stuttgart: Georg Thieme Verlag, S. 800-813.

Kersting, K. (2017): *Fachlicher Anspruch vs. Praxisrealität, Wie Pflegende die unwürdigen Bedingungen im Arbeitsalltag aushalten*, in: Mabuse-Verlag GmbH

(Hrsg.): Dr. med. Mabuse, 227 Mai/ Juni 2017, S. 22-25.

Kersting, K. (2016a): *„Coolout" in der Pflege, Eine Studie zur moralischen Desensibilisierung*, 4. Auflage, Frankfurt am Main: Mabuse-Verlag GmbH.

Kersting, K. (2016b): *Die Theorie des Coolout und ihre Bedeutung für die Pflegeausbildung*, Frankfurt am Main: Mabuse-Verlag GmbH.

Kersting, K. (2016c): *Was ist Coolout?* Online im Internet unter:
https://opac.hs-lu.de/repository/DOC000001/B00207512.pdf. (Aufgerufen am 17.05.2020).

Kersting, K. (2015): *„Bürgerliche Kälte" in der beruflichen Bildung- Strukturelle Bedingungen und Reaktionen von Lehrern. Eine Analyse aus dem Berufsfeld der Pflegepädagogik*, in: Dammer, K.-H./Vogel, T./Wehr, H. (Hrsg.): Zur Aktualität der kritischen Theorie für die Pädagogik, Wiesbaden: Springer Fachmedien, S. 255-276.

Kersting, K. (2011): *Berufsbildung zwischen Anspruch und Wirklichkeit, Zur Aktualität der Kältestudien*, in: Pädagogische Korrespondenz Zeitschrift für kritische Zeitdiagnostik und Pädagogik und Gesellschaft, 43, Opladen: Budrich UniPress, S. 91-105.

Kersting, K. (1999): *„Coolout im Pflegealltag"*, in: Pflege und Gesellschaft, 4. Jg. (1999) Nr. 3, S. 53-60. Online im Internet unter: https://dg-pflegewissenschaft.de/wp-content/uploads/2017/06/PG-3-1999-Kersting.pdf. (Aufgerufen am 17.05.2020).

Klaiber, S. (2018): *Organisationales Commitment, der Einfluss lernförderlicher Aspekte bei der Arbeit auf die Mitarbeiterbindung*, Dissertation Pädagogische Hochschule Freiburg 2016, Wiesbaden: Springer Fachmedien.

Klimecki, R./Laßleben, H./Altehage, O. (1995): *Zur empirischen Analyse organisationaler Lernprozesse im öffentlichen Sektor*, Teil 2: Methoden und Ergebnisse, in: Management Forschung und Praxis, Nr. 13 (1995). Online im Internet unter: http://nbn-resolving.de/urn:nbn:de:bsz:352-opus-3730. (Aufgerufen am 25.05.2020).

Klimecki, R.G./Laßleben, H./Riexinger-Li, B. (1994): *Zur empirischen Analyse organisationaler Lernprozesse im öffentlichen Sektor*, Teil 1: Modellbildung und Methodik, in: Management Forschung und Praxis; Diskussionsbeitrag Nr. 8 (1994). Online im Internet unter: http://nbn-resolving.de/urn:nbn:de:bsz:352-opus-3370. (Aufgerufen am 17.05.2020).

Klotz, V. K./Rausch, A./Geigle, S./Seifried, J. (2017): *Aus-bildungsqualität- Theoretische Modellierung und Analyse ausgewählter Befragungsinstrumente*, in: bwp@ Profil 5, Entwicklung, Evaluation und Qualitätsmanagement von beruflichem Lehren und Lernen. Online im Internet unter: http://www.bwpat.de/profil5/klotz_etal_profil5.pdf. (Aufgerufen am 27.05.2020).

Knoch, T./Engelhard, H.P./Hartmann, H./Marek, S. (2016): *QUESAP – Qualitätsentwicklung in der Altenpflegeausbildung*, in: Schemme, D./Pfaffe, P. (Hrsg.): Beteiligungsorientiert die Qualität der Berufsausbildung weiterentwickeln, Ausbildung in kleinen und mittleren Betrieben, wissenschaftliche Diskussionspapiere des Bundesinstituts für Berufsbildung, Heft 167, S. 148-160.

Koch, S. (2016): *Qualitative Inhaltsanalyse als Methode organisationspädagogischer Forschung-Erkenntnispotentiale und Grenzen*, In: Göhlich, M./Weber, S.M./Schröer, M./Schemmann, M. (Hrsg.): Organisation und Methode, Beiträge der Kommission Organisationspädagogik, Organisation und Pädagogik Bd. 19, Wiesbaden: Springer Fachmedien, S. 27-40.

Kraus, K. (2005): *Zur berufspädagogischen Bedeutung des Betriebs als Lernort- oder: Warum ein Krankenhaus kein Lernort im Sinne des berufspädagogischen Diskurses ist*, in: Büchter, K./Gramlinger, F./Kremer, H.H./Naeve-Stoß, N./Wilbers, K./Windelband, L. (Hrsg.): Berufs- und Wirtsschaftspädagogik-online, bwp Ausgabe Nr. 9, S. 1-11. Online im Internet unter: http://www.bwpat.de/ausgabe9/index.shtml. (aufgerufen am 18.05.2020).

Krewerth, A./Eberhard, V./Gei, J. (2008): *Merkmale guter Ausbildungspraxis-* Ergebnisse des BIBB-Expertenmonitors-, in: BIBB Expertenmonitor, Mai/Juni 2008. Online im Internet unter: https://www.bibb.de/de/71662.php. (Aufgerufen am 29.04.2020).

Kromrey, H. (2002): *Empirische Sozialforschung, Modelle und Methoden der standardisierten Datenerhebung und Datenauswertung*, 10., vollständig überarbeitete Auflage, Opladen: Leske + Budrich.

KTQ (2020): *Das KTQ-Verfahren*. Online im Internet unter: https://www.ktq.de/Das-KTQ-Verfahren.9.0.html. (Aufgerufen am 31.08.2020).

Kuper, H./Thiel, F. (2018): *Erziehungswissenschaftliche Institutionen- Und Organisationsforschung*, in: Tippelt, R./Schmidt-Hertha, B. (Hrsg.): Handbuch Bildungsforschung, 4., überarbeitete Auflage, Wiesbaden: Springer Fachmedien, S. 587-606.

Kühl, S. (2011): *Organisationen, Eine sehr kurze Einführung*, Wiesbaden: VS Verlag für Sozialwissenschaften.

Kühl, S./Muster, J. (2016): *Organisationen gestalten, Eine kurze organisationstheoretisch informierte Handreichung*, Wiesbaden: Springer Fachmedien.

Kühnle, S. (2000): *Lernende Organisationen im Gesundheitswesen: Erfolgsfaktoren von Veränderungsprozessen*, in: Braun, G. (Hrsg.): Gabler Edition Wissenschaft, Gesundheitsmanagement, Zugel.: Bielefeld, Univ., Diss., 1999, Wiesbaden: Springer Fachmedien.

Landes-Pflege-Rat Baden-Württemberg (o. J.): *Thesenpapier des LPR zur Situation der praktischen Ausbildung in der Gesundheits- und (Kinder-) Krankenpflege*. Online im Internet unter: http://www.lpr-bw.de/s/pdf/Ausbildungsituation.pdf. (Aufgerufen am 17.05.2020).

Liebhold, R./Trinczek, R. (2009): *Experteninterview*, in: Kühl, S./Strodtholz, P./Taffertshofer, A. (Hrsg.): Handbuch Methoden der Organisationsforschung, Quantitative und Qualitative Methoden, Wiesbaden: VS Verlag für Sozialwissenschaften, S. 32-56.

Loffing, D./Loffing, C. (2010): *Mitarbeiterbindung ist lernbar*, Praxiswissen für Führungskräfte in Gesundheitsfachberufen, Berlin u. a.: Springer.

Luhmann, N. (2000): *Organisation und Entscheidung*, Opladen u. a.: Westdeutscher Verlag GmbH.

Luhmann, N. (1991): *Soziale Systeme, Grundriß einer allgemeinen Theorie*, 4. Auflage, Frankfurt am Main.: Suhrkamp.

Mamerow, R. (2018): *Praxisanleitung in der Pflege*, 6., aktualisierte Auflage, Berlin u. a.: Springer.

Maturana, H.R. (1985): *Erkennen: Die Organisation und Verkörperung von Wirklichkeit, Ausgewählte Arbeiten zur biologischen Epistemologie*, in: Schmidt, S. J. /Finke, P. (Hrsg.): Wissenschaftstheorie, Wissenschaft und Philosophie, Bd. 19, 2., durchgesehene Auflage, dt. Fassung von Köck, W.K., Braunschweig u. a.: Vieweg.

Mayring, P. (2016): *Eine Einführung in die qualitative Sozialforschung, Eine Anleitung zum qualitativen Denken*, 6. Auflage, Weinheim u. a.: Beltz.

Mayring, P. (2015): *Qualitative Inhaltsanalyse, Grundlagen und Techniken*, 12., überarbeitete Auflage, Weinheim u. a. Beltz.

Menche, N. (Hrsg.) (2019): *Pflege Heute*, 7. Auflage, München: Elsevier.

Menche, N. (Hrsg.) (2014): *Pflege Heute*, 6. Auflage, München: Elsevier.

Ministerium für Arbeit, Gesundheit und Soziales des Landes Nordrhein-Westfalen (2019) (Hrsg.): *Landesberichterstattung Gesundheitsberufe Nordrhein-Westfalen 2017*. Situation der Ausbildung und Beschäftigung. Online im Internet unter: https://www.google.com/url?sa=t&rct=j&q=&esrc=s& source=web&cd=&cad=rja&uact=8&ved=2ahU-KEwi6qaGavZvsAhVL_aQKHXjpADEQF-jAAegQIBxAC&url=https%3A%2F%2Fbroschue-ren.nordrheinwestfalendirekt.de%2Fherunterla-den%2Fder%2Fdatei%2Flb-gesundheitsberufe-web-pdf%2Fvon%2Flandesberichterstattung-ge-sundheitsberufe-nordrhein-westfalen-2017%2Fvom%2Fmags%2F3008&usg=AOvVaw1T BABl0ZnyJWxvkjF_cqm3. (Aufgerufen am 13.05.2020).

Möller, S. (2016): *Erfolgreiche Teamleitung in der Pflege*, 2., aktualisierte Auflage, Berlin: Springer.

Negrini, L. (2016): *Subjektive Überzeugungen von Berufsbildnern, Stand und Zusammenhänge mit der Ausbildungsqualität und den Lehrvertragsauflösungen*,
180

Dissertation zur Erlangung der Doktorwürde an der Philosophischen Fakultät der Universität Freiburg (CH) und im Fachbereich Wirtschaftswissenschaften der Universität Konstanz (D), Wiesbaden: Springer Fachmedien.

Pätzold, H. (2017): *Das organisationale Lerndreieck – eine lerntheoretische Perspektive auf organisationales Lernen*, in: Zeitschrift für Weiterbildungsforschung (2017) 40, S. 41-52. Online im Internet unter: https://link.springer.com/content/pdf/10.1007/s40955-017-0087-z.pdf. (Aufgerufen am 25.05.2020).

Pfaff, H. (1997): *Das lernende Krankenhaus*, in: Zeitschrift für Gesundheitswissenschaften, 5.Jg., H.4, Berlin: Springer, S. 323-342. Online im Internet unter: https://link.springer.com/content/pdf/10.1007/BF02955891.pdf. (Aufgerufen am 13.05.2020).

Prescher, T./Stroh, C. (2012): *Denken, Fühlen und Handeln im Einklang*, in: Weiterbildung 3/2012, S. 28-31. Online im Internet unter: https://www.weiterbildung-zeitschrift.de/archiv-weiterbildung/fex/magazine/detail/ausgabe_03_2012/-.html. (Aufgerufen am 01.09.2020).

Probst, G.J.B./Büchel, B.S.T. (1994): *Organisationales Lernen, Wettbewerbsvorteil der Zukunft*, Wiesbaden: Gabler.

Roth, G. (2019): *Bildung braucht Persönlichkeit, wie Lernen gelingt*, 2. Auflage, Stuttgart: Klett-Cotta.

Röben, P. (2006): *Ausbilder im lernenden Unternehmen-Ergebnisse aus einem internationalen Forschungsprojekt*, in: bwp@Berufs- und Wirtschaftspädagogik-online, bwp@ Nr. 9. Online im Internet unter: https://www.bwpat.de/ausgabe9/ro-eben_bwpat9.shtml. (aufgerufen am 27.05.2020).

Schäffter, O. (2010): *Organisation,* in: Arnold, R./Nolda, S./Nuissl, E. (Hrsg.): Wörterbuch Erwachsenenbildung, 2., überarbeitete Auflage, Bad Heilbrunn: Julius Klinkhardt, S. 227-229.

Scherf-Braune, S. (2000): *Organisationales Lernen, Ein systemtheoretisches Modell und seine Umsetzung*, Berlin, Techn. Univ., Diss., 1999, Wiesbaden: Springer Fachmedien.

Schewior-Popp, S. (2005): *Lernsituationen planen und gestalten: handlungsorientierter Unterricht im Lernfeldkontext*, Stuttgart: Georg Thieme Verlag.

Schiffer, B. (2014): *Ausbildungserfolg in der Pflege Untersuchung eines multidimensionalen Konstrukts unter*

Anwendung der Anforderungsanalyse in einer Aus-bildungsstätte, Inaugural-Dissertation zur Erlangung des Doktorgrades der Pflegewissenschaft, pflege-wissenschaftliche Fakultät der Philosophisch-Theo-logischen Hochschule Vallendar. Online im Internet unter: https://kidoks.bsz-bw.de/frontdoor/deliver/in-dex/docId/412/file/Diss_fin_150128.pdf. (Aufgerufen am 16.05.2020).

Schmitz, Y. (2020): *Gesundheitssystem,* in: I care Pflege, 2., überarbeitete Auflage, Stuttgart: Georg Thieme Verlag, S. 147-159.

Schneider, A. (2005): *Die Ausbildung in den Pflegeberu-fen- ein Sonderfall,* in: Schneider, K./Brinker-Meyendriesch, E./Schneider, A.: Pflegepädagogik für Studium und Praxis, 2. überarbeitete und aktuali-sierte Auflage, Heidelberg: Springer Medizin Verlag, S. 391-409.

Schott, M. (2003): *Zielgerichtetes Lernen für fundamenta-len Unternehmenswandel.* Diss., Hamburger Univer-sität für Wirtschaft und Politik. Hamburg. 2003. On-line im Internet unter: https://martina-schott.de/orga-nisationales-lernen-fuer-fundamen-talen-unterneh-menswandel/. (Zuletzt angesehen am 22.05.2020).

Schöngen, K. (2003): *Lösung von Ausbildungsverträgen-schon Ausbildungsabbruch?* In: Informationen für die

Beratungs- und Vermittlungsdienste der Bundesan-
stalt für Arbeit, 25, S. 5-19. Online im Internet unter:
https://www.fachportal-paedagogik.de/literatur/voll-
anzeige.html?FId=682136#vollanzeige. (Aufgerufen
am 13.05.2020).

Schrimpf, U./Becherer, S./Ott, A. (2017): *Grundvokabular*,
in: Schrimpf, U./Ott, A./Becherer, S.: Deutsch für
Pflegekräfte, Kommunikationstraining für den Pflegealltag, 2., aktualisierte und erweiterte Auflage, Berlin:
Springer. S. 25-57.

Schröck, R. (1995): *Ein neues Nachdenken über die
Pflege*, in: Borsi, G.M./Schröck, R.: Pflegemanage-
ment im Wandel, Perspektiven und Kontroversen,
Berlin u. a. Springer Verlag. S. 1-14.

Senge, P. (1990): *The Fith Discipline, the Art ans Practice
of the learning Organization*, New York: Currency
Doubieday.

Senior Experten Service (SES) (o. J.): *VerA- Stark durch
die Ausbildung*, Stiftung der Deutschen Wirtschaft für
internationale Zusammenarbeit GmbH gemeinnüt-
zige Gesellschaft. Online im Internet unter:
https://vera.ses-bonn.de/service/impressum. (Aufgerufen am 02.09.2020).

Siebert, H. (2010): *Lernen*, in: Arnold, R./Nolda, S./Nuissl, E. (Hrsg.): Wörterbuch Erwachsenenbildung, 2., überarbeitete Auflage, Bad Heilbrunn: Julius Klinkhardt, S. 190-192.

Siebert, H. (o.J.): *Perturbation, Ermöglichungsdidaktik und Achtsamkeit,* Grundlagen und Praxisempfehlungen für die Erwachsenenbildung von Horst Siebert- *Teil 2.* Online im Internet unter: https://www.wb-web.de/material/lehren-lernen/perturbation-ermoglichungsdidaktik-und-achtsamkeit.html. (Aufgerufen am 25.05.2020).

Simon, M./Tackenberg, P./Hasselhorn, H.-M./Kümmerling, A./Büscher, A./Müller, B.H. (2005): *Auswertung der ersten Befragung der NEXT-Studie in Deutschland,* Universität Wuppertal. Online im Internet unter: http://www.next.uni-wuppertal.de. (Aufgerufen am 29.05.2020).

Slotala, L. (2019): *Stellschrauben mit großer Wirkung, Ansätze zur Gewinnung neuer Auszubildender in der Altenpflege,* in: Jacobs, K./Kuhlmey, A./Greß, S./Klauber, J./Schwinger, A. (Hrsg.): Pflege-Report 2019, Mehr Personal in der Langzeitpflege- aber woher? Berlin: Springer, S. 71-83.

Statista (2020): *Anzahl der Krankenhauspersonals in Deutschland nach Berufsgruppen im Zeitraum von*

2013 bis 2017. Online im Internet unter: https://de.statista.com/statistik/daten/studie/161100/umfrage/krankenhauspersonal-nach-berufsgruppen-1998-und-2008/. (Aufgerufen am 28.08.2020).

Statistisches Bundesamt (2019): *Krankenhäuser, Einrichtungen, Betten und Patientenbewegung nach Bundesländern.* Online im Internet unter: https://www.destatis.de/DE/Themen/Gesellschaft-Umwelt/Gesundheit/Krankenhaeuser/Tabellen/gd-krankenhaeuser-bl.html. (Aufgerufen am 27.05.2020).

Statistisches Bundesamt (2018): *Pressemitteilung Nr. 23 vom 5. Juni 2018.* Online im Internet unter: https://www.destatis.de/DE/Presse/Pressemitteilungen/Zahl-der-Woche/2018/PD18_23_p002.html. Aufgerufen am 27.05.2020).

Stiftung der Deutschen Wirtschaft für internationale Zusammenarbeit (o.J.): *VerA: fit für den Beruf mit SES-Ausbildungsbegleitern.* Online im Internet unter: https://vera.ses-bonn.de/. (Aufgerufen am 17.05.2020).

Stiftung Gesundheit (2020): *Coronavirus/ COVID-19: Was ist das Flatten-the-Curve-Prinzip?* Online im Internet unter: https://www.stiftung-gesundheit.de/coronainfos/flatten-the-curve.htm. (Aufgerufen am 19.05.2020).

Stotz, M. (1999): *Organisationale Lernprozesse: Begriff – Merkmale – Einflussfaktoren*, Dissertation der Universität Lüneburg 1998, Wiesbaden: Deutscher Universitäts-Verlag GmbH.

Trambacz, J. (2016): *Lehrbegriffe und Grundlagen der Gesundheitsökonomie*, Wiesbaden: Springer Fachmedien.

Türk, K. (2008): *Organisation*, in: Baur, N./Korte, H./Löw, M./Schroer, M. (Hrsg.): Handbuch Soziologie, Wiesbaden: VS Verlag für Sozialwissenschaften, S. 337-353.

Uhly, A. (2015): *Vorzeitige Vertragslösungen und Ausbildungsverlauf in der dualen Berufsausbildung*, Forschungsstand, Datenlage und Analysemöglichkeiten auf Basis der Berufsbildungsstatistik, in: Bundesinstitut für Berufsbildung (Hrsg.): Wissenschaftliche Diskussionspapiere, Heft 157, Bonn. Online im Internet unter:

https://www.google.com/url?sa=t&rct=j&q=&esrc=s&

source=web&cd=&cad=rja&uact=8&ved=2ahU-
KEwiJ_YTi4J3sAhVOsaQKHUDBBmMQF-
jAAegQIB-
BAC&url=https%3A%2F%2Fwww.bibb.de%2Fvero-
effentlichungen%2Fde%2Fpublica-
tion%2Fshow%2F7601&usg=AOvVaw3pDimwu3W
o8JUJ1ORrWLXf. (Aufgerufen am 13.05.2020).

Ver.di (2020a): *Personalmangel im Krankenhaus.* Online
im Internet unter: https://gesundheit-sozia-
les.verdi.de/themen/mehr-personal. (Aufgerufen am
11.05.2020).

Ver.di (2020b): *Und wieder Extraschichten. CORONA- In
der Krise rächt sich die marktorientierte Gesund-
heitspolitik.* Online im Internet unter: https://gesund-
heit-soziales.verdi.de/coronavirus/++co++96f64c3e-
7022-11ea-9e08-525400f67940. (Aufgerufen am
11.05.2020).

Ver.di (2015): *Ausbildungsreport Pflegeberufe 2015.* Berlin: PrintNetwork pn/ ASTOV Vertriebsgesellschaft
mbH. Online im Internet unter: https://gesundheit-so-
ziales.verdi.de/service/publikatio-
nen/++co++073c31d6-d358-11e6-8724-
52540066e5a9. (Aufgerufen am 11.05.2020).

Walzer, D./Thomas, P.M./Fliegen, I. (2019): *Young Professionals Gewinnen-Halten-Weiterentwickeln,* in:
188

Walzer, D. (Hrsg.): Young Professionals gewinnen, halten, weiterentwickelnd, zukunftsfähige Mitarbeiterbindung von Nachwuchskräften, Wiesbaden: Springer Fachmedien, S. 83-126.

Weber, C./Häfner-Wernet, R. (2016): *Qualitäts- und Kompetenzentwicklung für die betriebliche Berufsausbildung*, in: Schemme, D./Pfaffe, P. (Hrsg.): Beteiligungsorientiert die Qualität der Berufsausbildung weiterentwickeln, Ausbildung in kleinen und mittleren Betrieben, Wissenschaftliche Diskussionspapiere des BIBB, Heft 167, Bonn, S. 81-88. Online im Internet unter: https://www.fachportal-paedagogik.de/literatur/vollanzeige.html?FId=1095389#vollanzeige. (Aufgerufen am 15.05.2020).

Weinert, A. (1998): *Organisationspsychologie*, Ein Lehrbuch, 4., vollständig überarbeitete und erweiterte Auflage, Weinheim: Beltz.

Weinert, A. (1992): *Lehrbuch der Organisationspsychologie*, Menschliches Verhalten in Organisationen, 3. Auflage, Weinheim: Psychologie Verlags Union.

Wichmann, A. (2019): *Quantitative und Qualitative Forschung im Vergleich*, Denkweisen, Zielsetzungen und Arbeitsprozesse, Berlin: Springer.

Winter, C. (2019): *Emotionale Herausforderungen Auszubildender während der praktischen Pflegeausbildung, Empirische Grundlegung eines persönlichkeitsstärkenden Praxisbegleitungskonzepts*, Dissertation an der Philosophischen Fakultät der Gottfried Wilhelm Leibnitz Universität Hannover. Online im Internet unter: https://doi.org/10.15488/9168. (Aufgerufen am 21.05.2020).

Wittwer, W. (2014): *Ausbildungsqualität in der betrieblichen Bildung*, in: Fischer, M. (Hrsg.): Qualität in der Berufsausbildung, Anspruch und Wirklichkeit, Berichte zur beruflichen Bildung, Schriftenreihe des Bundesinstituts für Berufsbildung, Bielefeld: Bertelsmann Verlag, S. 119-132.

Zech, R. (2010): *Organisationen in der Weiterbildung: Selbstbeschreibung und Fremdbeschreibung*, in: Zech, R./Dehn, C./Tödt, K./Rädiker, S./Mrugalla, M./Schunter, J. (Hrsg.): Organisationen in der Weiterbildung: Selbstbeschreibungen und Fremdbeschreibungen, Wiesbaden: VS Verlag für Sozialwissenschaften, S. 11-71.

Zierer, K./Speck, K./Moschner, B. (2013): *Methoden erziehungswissenschaftlicher Forschung*. München: Ernst Reinhardt.

Zinth, C.-P. (2010): *Organisationales Lernen als Lernweg des Subjekts*, in: Report Zeitschrift für Weiterbildungsforschung 2/2010 (33.Jg.). Online im Internet unter: https://www.die-bonn.de/id/8966/about/html/. (Aufgerufen am 13.05.2020).

Anhang

Anhang I: Leitfaden der Interviews

Leitfrage zur Erzählaufforderung	Beachte: Wurde spez. Punkt erwähnt? Nachfragen nur, falls Aspekte nicht von allein thematisiert	Nachfragen: Falls nicht beantwortet, an geeigneter Stelle nachfragen	Aufrechterhaltungs- und Steuerungsfragen
Aufklärung über den Kontext, die Intention und das Ziel dieser Arbeit, sowie zur Verschwiegenheitspflicht und Anonymisierung. Zum Aufwärmen Fragen zu berufsbezogenen- und organisationsbezogenen Daten.			Nachfragen ermöglichen, bei Bedarf weitere Informationen ausführen
Berufsbezogene Daten zum Interviewpartner: wie lange examiniert? wann Fortbildung zur Stationsleitung oder ähnliches abgeschlossen? seit wann Leitungsposition auf der Station? gab es andere Leitungspositionen vorher, auch extern in anderen Organisationen?	Berufserfahrung / Leitungserfahrung Zugehörigkeit zur Organisation		Stellen Sie kurz Ihre berufliche Laufbahn, bezogen auf Leitungspositionen dar - mögliche Frage zur Überleitung (vgl. Gläser/Laudel 2010, S. 127): Nun konnte ich mir von Ihrer beruflichen Laufbahn ein Bild machen, bitte erzählen Sie Details zu Ihrer Station, die Sie leiten.
Organisationsbezogene Daten: Fachgebiet? Bettenzahl? Stellenzahl? offene Stellen? Anzahl der PA's auf der Station? wie viele Auszubildende max. gleichzeitig auf Station? Bedingungen an Schülereinsatz (z. B. Alter?) eher elektiver Fachbereich oder viele Notfälle als Zugänge?	Darstellung der Station, der personellen Ausstattung Schülerkapazitäten Rahmenbedingungen des individuellen Praxislernortes Aufnahmemanagement als geplant oder eher Notfälle?	Gibt es auch Pflegehelfer, die eingesetzt sind, mit denen die Schüler während des Einsatzes arbeiten? PA'S nur mit geforderter berufspädagogischer FB?	Erzählen Sie grundsätzliches zu Ihrer Station
I. Auszubildende als Pflegepotential der Zukunft:	Kompensation des Fachkräftemangels über Ausbildung	Könnten sie mehr Azubis als examinierte PP einstellen?	

Werden regelmäßig Auszubildende examiniert übernommen? Inwiefern hat sich die Akquise von Auszubildenden bewährt? welche Erfahrungen mit übernommenen Auszubildenden? Inwiefern kann der offene Stellenbedarf über examinierte Auszubildende aus dem eigenen Unternehmen jährlich gedeckt werden? Stellen Sie sich vor. Sie könnten keine ehemaligen Auszubildenden als examiniertes Personal mehr einstellen, was wäre anders?	Notwendigkeit, nach drei Jahren auch zum Examen zu führen Azubis als Ressource für examiniertes Personal
II. Gestaltung des Lernort Praxis: Einarbeitungskonzept? Gibt es eine Stationsvorstellung, aus der der Ablauf für jeder Schicht hervorgeht? Werden die Auszubildenden als volle Arbeitskraft auf dem Dienstplan gezählt? Welche speziellen Lernangebote gibt es auf der Station? Welchen Handlungsspielraum/Möglichkeiten zur Arbeitsplatzgestaltung gibt es? Welche Möglichkeiten haben die Auszubildenden bei der Organisation der Arbeit mitzusprechen? Wie können die Auszubildenden ihr Wissen aus der Theorie einbringen? Gibt es selbstgewählte Vertrauenspersonen? Gibt es festgelegte Verantwortliche und zuständige Ansprechpartner für die gesamte Dauer des Einsatzes inkl. Ersatzperson? Wie wird sichergestellt, dass die Auszubildenden genügend Zeit für eine patientenorientierte Pflege haben?	Sicherstellen der gesetzeskonformen Ausbildung Rahmenbedingungen, die qualitative Ausbildung ermöglichen Berücksichtigung des Ausbildungsstandes Werden Dienste für die PA geplant, die für die Anleitungssituationen vorbehalten sind? Wie verbindlich ist der erstellte Dienstplan für die Auszubildenden? Bzw. kommt es häufig vor, dass die Azubis Dienste oder sogar die Station wechseln müssen? (Springer-Pool) Wie wird sichergestellt, dass die übertragenen Aufgaben fachlich korrekt von den Auszubildenden ausgeführt werden? Wie wird sichergestellt, dass die PA`s über das notwendige aktuelle Theoriewissen verfügen?

Wie werden anstehende pflegerische Aufgaben und anstehende Tätigkeiten kommuniziert? Wie wird sichergestellt, dass die Auszubildenden regelmäßig mit den PA's gemeinsam Dienst haben? Welche Lernmedien können die Auszubildenden im Lernort Praxis nutzen (PC, Internet, Fachbücher, Übungsmaterial) Inwiefern werden die Inhalte der praktischen Ausbildung geplant und entsprechend eingehalten?	
III. Teambezogene Aspekte: Welche Regeln zur Kooperation gibt es, z. B. Ansprechpartner bei Problemen? Welche Regeln gibt es für Konfliktsituationen? (so wollen wir vorgehen, das ist uns wichtig, wann/wie werden diese Regeln kommuniziert?) Wie werden die Auszubildenden durch das Team unterstützt? (Hilfe bei der Arbeit, Akzeptanz und emotionale Unterstützung, Umgang mit „Zwischenfällen" z. B. körperliche Angriffe)? Inwiefern gibt es die Möglichkeit Kooperationsbeziehungen aufzubauen, z. B. regelmäßige Treffen mit den Auszubildenden oder Stammtische? Inwiefern werden die Auszubildenden aktiv in das Team integriert, etwa durch die Teilnahme an Dienstbesprechungen oder Stationsfeiern?	Integration in das bestehende Team Wertschätzung der Azubis als Teammitglied
IV. Kommunikative & reflexive Aspekte: Inwiefern gibt es für die Auszubildenden regelmäßiges Feedback, auch im Sinne eines Lobes und Kritik? Wie werden Konfliktgespräche geführt? (wie setzen sich solche Runden personell zusammen?)	Möglichkeiten zur Selbst- und Fremdeinschätzung Regelmäßiges Feedback Kommunikative Grundlagen Nutzen die Auszubildenden die Möglichkeit Probleme/Kritik direkt auf der Station anzusprechen?

Inwiefern gibt es im gesamten Team einen regelmäßigen Austausch über die Auszubildenden? Inwiefern gibt es die Möglichkeit für den Auszubildenden zu einer Selbstreflexion? Gibt es regelmäßigen Austausch im Team über die Azubis?	
V. Qualitätsmanagement Welche Standards und Prozessbeschreibungen gibt es für die praktische Ausbildung im QM der Klinik?	

Themenbereiche des Interviews	Qualitätskriterien der Input- und Prozessqualität aus Qualitätsmodell	Teambezogene Aspekte zur Gestaltung des Arbeitsplatzes im Krankenhaus	Sonstige theoretische Verortung des Themenbereichs	Angewendeter Fragentyp
Berufsbezogene Daten zum Interviewpartner - wie lange examiniert? - wann Fortbildung zur Stationsleitung oder ähnliches abgeschlossen? - seit wann in der Leitungsposition auf der Station? - gab es andere Leitungspositionen vorher, auch extern in anderen Organisationen?			- Einordnung des Expertenstatus; Spezialwissen durch die Funktion innerhalb der Organisation (vgl. Gläser/Laudel 2010, S. 11)	- Hintergrundfrage zur Darstellung notwendiger Informationen zum organisationalen Kontext (vgl. Gläser/Laudel 2010, S. 123) - Überleitungsfrage (vgl. Gläser/Laudel 2010, S. 127) zum nächsten Themenblock
organisationsbezogene Daten - Fachgebiet - Bettenzahl - Stellenzahl - Offene Stellen - Anzahl der PA - wie viele Auszubildende max. gleichzeitig auf der Station? - Bedingungen für den Einsatz des Auszubildenden (z. B. Alter) - eher elektiver Fachbereich oder viele Notfälle als Zugänge?			- pädagogisch weitergebildetes Personal (vgl. KrPflG 2003, § 4)	- Faktfragen im Sinne einer Wissensfrage zu grundsätzlichen Stationsdaten (vgl. ebd.) - die angestrebte Antwort impliziert Details des Lernort Praxis und könnte somit auch als Detailfrage eingeordnet werden (vgl. ebd., S. 125).

I. Auszubildende als Pflegepotential der Zukunft - werden regelmäßig Auszubildende examiniert übernommen? - inwiefern hat sich die Akquise von Auszubildenden bewährt? - welche Erfahrungen gibt es mit übernommenen Auszubildenden? - inwiefern kann der offene Stellenbedarf über examinierte Auszubildende aus dem eigenen Unternehmen gedeckt werden? - Stellen Sie sich vor, Sie könnten keine ehemaligen Auszubildenden als examiniertes Personal einstellen, was wäre anders?	- Rekrutierung neuer Pflegefachkräfte durch die Ausbildung in der Gesundheits- und Krankenpflege als Kompensationsmöglichkeit des Fachkräftemangels (vgl. Barbian/van der Loo 2011)	- „Wissensfrage" (ebd., S. 123) zum Thema Fachkräftemangel - Fragen nach konkreten Erfahrungen des Interviewpartners (vgl. ebd., S. 130) - hypothetische Frage, die eine Stellungnahme des Interviewpartners ermöglicht (vgl. ebd., S. 1249
II. Gestaltung des Lernort Praxis		
- Einarbeitungskonzept	- (verbindliche) „Ablaufstruktur" (Grossmann/Lobnig 2013, S. 13) für die Auszubildenden, da sie sich durch den Ablauf der praktischen Ausbildung oftmals in neue Teams und Stationen einarbeiten müssen	- „Faktfrage" (ebd.) zu vorhandenen Strukturen für den Lernort Praxis

- gibt es eine Stationsvorstellung z. B. für jede Schicht, aus der der Ablauf hervorgeht?	- **Qualitätsbereich:** „**Eignung und Verhalten der Ausbilder und Lehrer**" (ebd., S. 5). Beispiel: „..... klare Anweisungen der Ausbilder" (ebd.)	- „Ablaufstruktur" (ebd.)
- werden die Auszubildenden als volle Arbeitskraft auf dem Dienstplan gezählt?	- **Qualitätsbereich:** „**Inhalte und Methoden**" (ebd., S. 6). Beispiel: „..... genügend Übungszeit bei neuen Aufgaben" (ebd.)	- haben die Auszubildenden ein Mitspracherecht für die Arbeitsorganisation (vgl. ebd., S. 12)
- welche speziellen Lernangebote gibt es auf der Station?	- **Qualitätsbereich:** „**Inhalte und Methoden**" (ebd.). Beispiel: „Einbeziehung in größere Aufgaben" (ebd.) oder „Auszubildenden abwechslungsreiche Aufgaben stellen" (ebd.)	
- welchen Handlungsspielraum/Möglichkeiten zur Arbeitsplatzgestaltung gibt es?	- **Qualitätsbereich:** „**Inhalte und Methoden**" (ebd.). Beispiel: „....., dass die Auszubildenden die Arbeit selbstständig planen, durchführen und kontrollieren" (ebd.)	- die Auszubildenden können den Arbeitsplatz möglichst selbstständig gestalten, bzw. haben einen gewissen „Handlungsspielraum" (ebd.)
- welche Möglichkeiten haben die Auszubildenden bei der Organisation der Arbeit mitzusprechen?		- „Einflussmöglichkeiten auf die Arbeitsbedingungen" (ebd.)
- wie können die Auszubildenden ihr	- **Qualitätsbereich:** „**Organisation und**	

Wissen aus der Theorie einbringen?	**Lernortkooperation"** (ebd., S. 4). Beispiel: „... betriebliche Anwendung von Berufsschulinhalten" (ebd.)		
- gibt es selbstgewählte Vertrauenspersonen?		- gewählte Vertrauensperson aus der Praxis – analog „Vertrauenslehrerkonzept" Schule (vgl. Bayerisches Staatsministerium für Bildung und Kultus, Wissenschaft und Kunst 2016, S. 20).	-Schaffung eines positiven Lernklimas und Lernumfeldes (vgl. Borsi 2000, S. 128) - Organisationskultur (vgl. Argyris/Schön 1999, S. 195)
- gibt es festgelegte Verantwortliche und zuständige Ansprechpersonen für die gesamte Dauer des praktischen Einsatzes inkl. Ersatzpersonen?	**Qualitätsbereich: „Eignung und Verhalten der Ausbilder und Lehrer"** (ebd. S. 5). Beispiel: „..., dass jederzeit ein Ausbilder zur Verfügung steht, wenn Auszubildende nicht zurechtkommen" (ebd.). - **unterschiedliche Qualitätsbereiche für die „Belastungsfaktoren"** (ebd., S. 7). Beispiel: „... niemand für die Auszubildenden verantwortlich ist" (ebd.).	- Verantwortliche benennen, Zuständigkeiten erklären und kommunizieren (vgl. ebd.) - Regeln zur Kooperation (vgl. ebd.)	- Paten/Mentoren (vgl. Deuer 2015, S. 112)
- wie wird sichergestellt, dass die Auszubildenden genügend Zeit für eine patientenorientierte Pflege haben?	- **Qualitätsbereich: „Organisation und Lernortkooperation"** (ebd., S. 4). Beispiel: „... Planung und Einhaltung.		- mangelnde Zeit für die Aufgaben am Lernort Praxis (vgl. Kersting 2016, S. 18)

- wie werden anstehende pflegerische Aufgaben und ausstehende Tätigkeiten kommuniziert (auch i.S.v verständlichen Erklärungen durch die PA´s)?	wann was im Betrieb gelernt wird" (ebd.) - **Qualitätsbereich:** „**Inhalte und Methoden**" (ebd., S. 6). Beispiel: „... genügend Übungszeit bei neuen Aufgaben" (ebd.) - **Qualitätsbereich:** „**Eignung und Verhalten der Ausbilder und Lehrer**" (ebd., S. 5). Beispiel: „... klare Arbeitsanweisungen durch Ausbilder" (ebd.) - Beispiel: „... verständliche Erklärungen der Ausbildungsinhalte durch Ausbilder" (ebd.)	- ist die Betreuung und Versorgung der Patientinnen und Patienten hinsichtlich der Orientierung gemeinsam kommuniziert? (ebd.)
- wie wird sichergestellt, dass die Auszubildenden regelmäßig mit dem PA gemeinsam Dienst haben?	-**Qualitätsbereich:** „**Eignung und Verhalten der Ausbilder und Lehrer**" (ebd.). Beispiel: „... genügend Zeit für Besprechung der Arbeitsergebnisse mit Ausbildern" (ebd.); „... verständliche Erklärung der Ausbildungsinhalte durch Ausbilder" (ebd.) - unterschiedliche **Qualitätsbereiche für die** „**Belastungsfaktoren**" (ebd., S. 7). Beispiel: „... niemand für die	- Verantwortliche und Zuständige sind verbindlich benannt (vgl. ebd.)

- wie werden anstehende pflegerische Aufgaben und aussehende Tätigkeiten kommuniziert (auch i.S.v verständlichen Erklärungen durch die PA´s)?	wann was im Betrieb gelernt wird" (ebd.) - **Qualitätsbereich: „Inhalte und Methoden"** (ebd., S. 6). Beispiel: „... genügend Übungszeit bei neuen Aufgaben" (ebd.) - **Qualitätsbereich: „Eignung und Verhalten der Ausbilder und Lehrer"** (ebd., S. 5). Beispiel: „... klare Arbeitsanweisungen durch Ausbilder" (ebd.). - Beispiel: „... verständliche Erklärungen der Ausbildungsinhalte durch Ausbilder" (ebd.).	- ist die Betreuung und Versorgung der Patientinnen und Patienten hinsichtlich der Orientierung gemeinsam kommuniziert? (ebd.)
- wie wird sichergestellt, dass die Auszubildenden regelmäßig mit dem PA gemeinsam Dienst haben?	-**Qualitätsbereich: „Eignung und Verhalten der Ausbilder und Lehrer"** (ebd.). Beispiel: „... genügend Zeit für Besprechung der Arbeitsergebnisse mit Ausbildern" (ebd.); „... verständliche Erklärung der Ausbildungsinhalte durch Ausbilder" (ebd.). - unterschiedliche **Qualitätsbereiche für die „Belastungsfaktoren"** (ebd., S. 7). Beispiel: „... niemand für die	- Verantwortliche und Zuständige sind verbindlich benannt (vgl. ebd.)

- Welche Lernmedien können die Auszubildenden im Lernort Praxis nutzen (PC, Internet, Fachbücher, Übungsmaterial)	Auszubildenden verantwortlich ist" (ebd.). **Qualitätsbereich: „Materielle Bedingungen" (ebd., S. 5).** Beispiel: „..., dass Lernmedien auf dem neuesten Stand sind" (ebd.).	
- Inwiefern werden die Inhalte der praktischen Ausbildung geplant und entsprechend eingehalten?	**Qualitätsbereich „Organisation und Lernortkooperation" (ebd., S. 4).** Beispiel: „... Planung und Einhaltung, wann was im Betrieb gelernt wird" (ebd.).	

III. teambezogene Aspekte

- welche Regeln zur Kooperation gibt es, z. B. Ansprechpartner bei Problemen?	- **Qualitätsbereich: „Lernklima"** (ebd., S. 8). Beispiel: „... Respekt der Kollegen gegenüber den Auszubildenden" (ebd.).	- Unterstützungsmöglichkeiten, auch emotionaler Art (vgl. ebd.) - feste Verantwortlichkeiten und Zuständigkeiten (vgl. ebd.) - Regeln für die Kooperation (vgl. ebd.)
- welche Regeln gibt es für Konfliktsituationen (so wollen wir vorgehen, das ist uns wichtig, wann/wie werden diese Regeln kommuniziert?	- **Qualitätsbereich: „Eignung und Verhalten der Ausbilder und Lehrer"** (ebd., S. 5). Beispiel: „..., dass jederzeit ein Ausbilder zur Verfügung steht, wenn Auszubildende nicht zurechtkommen" (ebd.)	- Regelwerk für den Fall von Konflikten (vgl. ebd., S. 13) - Konfliktregeln (vgl. ebd.)

- wie werden die Auszubildenden durch das Team unterstützt (Hilfe bei der Arbeit, Akzeptanz und emotionale Unterstützung, Umgang mit „Zwischenfällen" z. B. körperliche Angriffe?	- **Qualitätsbereich: Inhalte und Methoden"** (ebd., S. 6). Beispiel: „...'echte Arbeit' in der Ausbildung" (ebd.)		
- inwiefern gibt es für die Auszubildenden die Möglichkeit Kooperationsbeziehungen aufzubauen, z. B. regelmäßige Treffen mit den Auszubildenden oder Stammtische?		„Zeit und Gelegenheit, ihre Kooperationsbeziehungen aufzubauen" (ebd., S. 55)	
- inwiefern werden die Auszubildenden aktiv in das Team integriert, etwa durch die Teilnahme an Dienstbesprechungen oder Stationsfeiern?		„Zeit und Gelegenheit, ihre Kooperationsbeziehungen aufzubauen" (ebd.)	

IV. kommunikative & reflexive Aspekte

- inwiefern gibt es für die Auszubildenden regelmäßig Feedback, auch im Sinne eines Lobes und Kritik?	- **Qualitätsbereich: „Eignung und Verhalten der Ausbilder und Lehrer"** (ebd., S. 5). Beispiel: „... Lob durch Ausbilder" (ebd.); „...Kritik durch Ausbilder" (ebd.)		
- wie werden Konfliktgespräche geführt? (wie setzen sich solche Runden personell zusammen?)	- formelle Kommunikation beachten (vgl. ebd., S. 56) - personelle Zusammensetzung		

- inwiefern gibt es im gesamten Team einen regelmäßigen Austausch über die Auszubildenden?	- **Qualitätsbereich: „Organisation und Lernortkooperation"** (ebd., S. 4). Beispiel: „... regelmäßige Besprechungen im Betrieb, wie Auszubildende mit der Ausbildung zurechtkommen" (ebd.) - **Qualitätsbereich: „Organisation und Lernortkooperation"** (ebd., S. 4). Beispiel: „... regelmäßige Besprechungen im Betrieb, wie Auszubildende mit der Ausbildung zurechtkommen" (ebd.)	solcher Gespräche beachten (vgl. ebd.)
- inwiefern gibt es die Möglichkeit für die Auszubildenden zu einer Selbstreflexion?		- Selbstreflexion als Instrument um sowohl qualitative Aspekte zu fördern als auch organisationale (vgl. ebd., S. 13)
V. Qualitätsmanagement - Welche Standards und Prozessbeschreibungen gibt es für die praktische Ausbildung im QM der Klinik?		- Standards und Prozessbeschreibungen für die (praktische) Ausbildung im QM der Organisation (vgl. Brater 2014, S. 230f.)

Anhang III: Kategorien und deren Definition im Kontext dieser Arbeit

Deskriptives/Leitfrage	Oberkategorie	Unterkategorie (K)	Definition	Ankerbeispiele	Kodierregeln
Deskriptives	Berufsbezogene Daten zum Interviewpartner	(K1) Wie lange examiniert?	IP gibt Zeitraum oder Jahreszahl an	„Seit 2013" (IP1, ZN 14)	Aufgezeigt wird die Dauer seit dem Examen
		(K2) Wann Fortbildung zur Stationsleitung	IP gibt Zeitraum oder Jahreszahl an, bzw. verneint eine Fortbildung	„Äh, nee. Ich habe zwar meine Fachweiterbildung gemacht, aber einen Leitungskurs oder ähnliches nicht" (IP6, ZN 7-8)	Frage nach Fortbildung zur Leitung wird beantwortet oder verneint. Es ergibt sich eine Dauer seit der Teilnahme an der Fortbildung
		(K3) Seit wann Leitung auf der Station	IP gibt Zeitraum oder Jahreszahl an	„Und 97 glaube ich Leitung und seitdem bin ich Leitung" (IP5, ZN 16)	Es ergibt sich eine Anzahl von Jahren, die IP auf der Station Leitung ist
		(K4) Vorher andere Leitungspositionen	Es gab andere Leitungspositionen, ggf. auch extern, oder nicht.	„Nein." (IP10, ZN 29)	IP hatte anderen Leitungspositionen, ggf. extern, oder nicht
	Organisationsbezogene Daten	(K5) Bettenzahl der Station	Bettenzahl wird genannt	„Offiziell aber 16" (IP7, ZN 26)	Offizielle und inoffizielle Anzahl der Betten wird genannt
	Organisationsbezogene Daten	(K6) Teamgröße	Die Anzahl der Mitarbeitenden in der Pflege wird benannt	„In VK´s sind wir glaube ich 11.3, aber ich glaube wir sind 12 oder 13" (IP7, ZN 33-34)	Es wird eine Anzahl von Mitarbeitenden genannt, oder eine ungefähre Angabe gemacht
	Organisationsbezogene Daten	(K7) offene Stellen	Stellenbedarf wird numerisch ausgedrückt	„Also, ich habe MOMENTAN eine Vollzeitstelle zu vergeben" (IP6, ZN30)	Es gibt offene Stellen und diese werden numerisch benannt, oder es gibt keine offenen Stellen

Deskriptives /Leitfrage	Oberkategorie	Unterkategorie (K)	Definition	Ankerbeispiele	Kodierregeln
	Organisationsbezogene Daten	(K8) Anzahl der Praxisanleitungen	Anzahl der PA`s geht hervor	„Zwei, die Ausgebildet sind." (IP2, ZN 49)	Anzahl der PA`s wird genannt, evtl. weitere Zahl für Mitarbeitenden, die noch in der Weiterbildung sind
	Organisationsbezogene Daten	(K9) max. Anzahl der Auszubildenden gleichzeitig	Maximale Besetzung mit Auszubildenden	„Letztendlich auf Wunsch immer nur Einer." (IP3, ZN 46)	Minimale und oder maximale Anzahl von Auszubildenden, die gleichzeitig auf der Station eingesetzt werden können
	Organisationsbezogene Daten	(K10) Bedingungen für den Einsatz des Auszubildenden	Besonderheiten für den Einsatz der Auszubildenden auf der Station	„Ähm, nein. Vom Betrieb her ist es so nicht geregelt." (IP1, ZN 86)	Es gibt Besonderheiten, die an den Einsatz geknüpft sind, oder nicht.
	Organisationsbezogene Daten	(K11) Elektives Fachgebiet oder Notfallzugänge	Zugangswesen ist geplant oder unvorhersehbar	„Also, eigentlich ausschließlich geplant." (IP7, ZN 66)	Geplante Zugänge oder Notfallzugänge, ggf. Warteliste
1.Leitfrage: Wie ist die individuelle Wahrnehmung der der Ausbildung in der Gesundheits- und Krankenpflege?	Auszubildende als Pflegepotential der Zukunft	(K12) Fachkräftemangel kompensieren	Eigene Auszubildende werden regelmäßig übernommen	„Also äh aktuell ist es so, dass wir eine Kollegin aus dem jetzigen Kurs, im September kriegen." (IP8, ZN 94-95)	Eigene Auszubildende werden nach dem Examen regelmäßig übernommen, sofern es offene Stellen gibt
		(K13) Notwendigkeit die Ausbildung erfolgreich zu absolvieren	IP ist Notwendigkeit der Ausbildung bewusst, um Fachkräftemangel kompensieren zu können	„Also ich denke, dass gerade auch die frisch Examinierten ähm. Immer frischen Wind reinbringen." (IP6, ZN 98-99)	IP schätz ehemalige Auszubildende, kennt Vorteile von jungen Kollegen.

207

Deskriptives /Leitfrage	Oberkategorie	Unterkategorie (K)	Definition	Ankerbeispiele	Kodierregeln
		(K14) Auszubildende als potenzielles Personal im eigenen Unternehmen	IP kennt Notwendigkeit der Ausbildung im eigenen Unternehmen	„Ähm, aber zum größten teil werden die meines Erachtens nach alle übernommen" (IP1, ZN 125)	IP weiß um die Bedeutung des heranwachsenden Pflegepotentials
2. Leitfrage: Was spricht für eine gute Ausbildungsqualität am Lernort Praxis?	Gestaltung des Lernort Praxis	(K15) Einarbeitung auf der Station	Auszubildende werden zu Beginn des Einsatzes strukturiert eingearbeitet	„Ja, es gibt ein allgemeines Einarbeitungskonzept vom Haus." (IP4, ZN 119)	Details zum Einarbeitungskonzept werden genannt, wie die Einarbeitung erfolgt
		(K16) Verwertung auf dem Dienstplan	Auszubildenden zählen extra, oder als volle Kraft	„Ja? Voller Kopf." (IP9, ZN 165)	Auszubildender zählt extra, oder mit zur Normalbesetzung eines Dienstes
		(K17) Spezielle Lernangebote auf der Station	Inhalte der praktischen Ausbildung für den jeweiligen Einsatzort	„Das ist äh, ein ganzer Katalog" (IP5, ZN 192)	Inhalte und Themen der Lernangebote werden genannt. Es kann ggf. dargestellt werden, wo diese in welcher Form fixiert und dargestellt sind.
		(K18) Arbeitsplatzgestaltung und Organisation	Der Auszubildende hat Möglichkeiten zur Mitbestimmung	„Ja, also natürlich ist es durch den therapieplan schon so ein bisschen VORBESTIMMT, dass sie da ja auch dann mitlaufen." (IP6, ZN 162-163)	Der Auszubildende kann in unterschiedlichem Umfang mitbestimmen. Umfang geht hervor, oder Bedingungen werden genannt.

Deskriptives /Leitfrage	Oberka-tegorie	Unterkategorie (K)	Definition	Ankerbeispiele	Kodierregeln
2. Leitfrage: Was spricht für eine gute Ausbildungs-qualität am Lernort Pra-xis?	Gestaltung des Lernort Praxis	(K19) Anwendung des theoretischen Wissens	Auszubil-dende kön-nen Erlerntes einbringen und anwen-den	„Ähm, ja wir haben ja am Anfang das Erstgespräch, in dem erstmal abgeklärt wird was sie jetzt überhaupt im letzten Theorieblock hat-ten." (IP4, ZN. 233-234)	Anwendung des Erlernten wird er-möglicht
		(K20) Ansprech-partner und Ver-trauenspersonen	Es existieren festgelegte Ansprech-partner und/oder Vertrauens-personen	„JA! Die können sich äh Vertrauenspersonen wäh-len." (IP3, ZN 246)	Zuständigkeiten sind klar festgelegt
		(K21) gewählte Vertrauensperso-nen aus der Pra-xis	Das Konzept einer selbst-gewählten Vertrauens-person wird begrüßt oder abgelehnt	„(...) Also, (...) grundsätzlich finde ich das nicht schlecht!" (IP5, ZN 272)	Begrüßt oder lehnt den Vorschlag ab. Ggf. werden Bedenken konkre-tisiert oder eigene Ideen mit einge-bracht
		(K22) Faktor Zeit	Auszubil-dende kön-nen ausrei-chend Zeit für eine pati-	„Äh ja. Wir versuchen es einzuplanen und es gibt auch spezielle äh PA-Tage für die Schüler." (IP4, ZN 299-300)	Auszubildende unterliegen zeitli-chem Druck bei der Verrichtung der Tätigkeiten, oder nicht. Evtl. Einschränkungen, die genannt wer-den. Ggf. Rückschlüsse aus K16 möglich

Deskriptives /Leitfrage	Oberkategorie	Unterkategorie (K)	Definition	Ankerbeispiele	Kodierregeln
2. Leitfrage: Was spricht für eine gute Ausbildungsqualität am Lernort Praxis?	Gestaltung des Lernort Praxis		entenenorientierte Pflege anwenden		
		(K23) Zusammenarbeit mit den Praxisanleitungen	Auszubildende arbeiten mit Praxisanleitung zusammen	„Also Tag eins und in der Regel Tag zwei eigentlich immer. Das äh versuche ich auch immer so hinzubekommen. Ähm ja, Regelmäßigkeit nein, kriegen wir einfach nicht hin. Kriegen wir einfach nicht hin." (IP8, ZN 348-350)	Ausprägung der Zusammenarbeit und Bedingungen für die Umsetzung werden erkennbar
		(K24) Lernmedien	Auszubildende haben die Möglichkeit verschiedene Medien im praktischen Einsatz zu nutzen	„Tja, an den PC können sie." (IP9, ZN 280)	Methodische Vielfalt des Lernens wird durch unterschiedliche Medien ermöglicht
		(K25) Planung der praktischen Ausbildungsinhalte	Die praktische Ausbildung findet geplant statt	„Und zwar, wir haben da so eine Pinnwand, ähm Datenschutzkonform. Weil, Tür ist abgeschlossen. Äh, da kann jeder Kollege aber sehen, was der Schüler machen möchte, weil jeder ja grundsätzlich anleiten darf (IP2, ZN 238-240)	Ausprägung der Planung ist erkennbar, bzw. eine Ankoppelung an das Theoriecurriculum ist gewährleistet

Deskriptives /Leitfrage	Oberkategorie	Unterkategorie (K)	Definition	Ankerbeispiele	Kodierregeln
3. Leitfrage: Wie wird den Besonderheiten des Arbeitens in einem Team Rechnung getragen?	Teambezogene Aspekte	(K26) Kooperationsregeln	Regeln für die Zusammenarbeit sind klar kommuniziert	„Ja, also das ist äh tatsächlich so, dass wir dann immer sagen, bei auftretenden Problemen oder Schwierigkeiten, sich äh zunächst an den Ansprechpartner oder den zugeordneten Praxisanleiter zu wenden." (IP4, ZN 383-385)	Auszubildende kennen regeln für die Zusammenarbeit. Es kann extrahiert werden, wie diese Kommuniziert werden. Ggf. Überschneidung mit K27 möglich, so dass bei Kooperation gleich Konflikte assoziiert werden
		(K27) Regeln für Konflikte	Auszubildende wissen sie sich bei Konflikten verhalten sollen	„(...) Offizielle Regeln gibt es dafür nicht." (IP6, ZN 316)	Regeln sind vorhanden oder nicht. Falls ja, werden diese offiziell dargestellt
		(K28) Unterstützung durch das Stationsteam	Auszubildende werden in der täglichen Arbeit durch das Team unterstützt	„Ähm wir unterstützen, wir helfen, wir leiten auch mal einen Schüler an." (IP8, ZN 449-450)	Das gesamte Team arbeitet an der Ausbildung mit, alle fühlen sich zuständig und unterstützen die Auszubildenden. Evtl. Grad der Ausprägung ableitbar- evtl. fühlen sich nur einzelne Personen zuständig
		(K29) Aufbau von Kooperationsbeziehungen	Auszubildende können untereinander Beziehungen aufbauen	„Gibt es nicht." (IP1, ZN 518)	Möglichkeiten sind vorhanden oder nicht. Ggf. Umsetzung darstellen

211

Deskriptives /Leitfrage	Oberka-tegorie	Unterkategorie (K)	Definition	Ankerbeispiele	Kodierregeln
3. Leitfrage: Wie wird den Besonderheiten des Arbeitens in einem Team Rechnung getragen?	Teambezogene Aspekte	(K30) Einbindung in das Team	Auszubildende gelten als vollwertige Teammitglieder	„Mhm. Naja, sie nehmen auf jeden Fall an den Übergaben teil und äh, werden ja auch einem jeweiligen Bereich zugeordnet pro Schicht und haben dann ja ihren jeweiligen Ansprechpartner." (IP4, ZN 439-441)	Auszubildende dürfen alles mitmachen, was examinierte Pflegekräfte auch dürfen. Ggf. Einschränkungen darstellen
4. Leitfrage: Wie wird kommunikativen und selbstreflexiven Aspekten Rechnung getragen?	Kommunikation & Reflexion	(K31) Regelmäßiges Feedback für Auszubildende (K32) Konfliktgespräche	Auszubildende bekommt regelmäßige Rückmeldungen zu seinen Leistungen	Also wir nutzen eigentlich eher seit, oh wie lange machen wir das jetzt? Anderthalb Jahren ungefähr, können nun zwei sein. Nutzen wir eigentlich eher die, die Beurteilungsbögen. Und zwar, haben wir „". Es gibt ja diese Beurteilungsbögen für die WÖCHENTLICHE Beurteilung." (IP2, ZN 376-380)	Es gibt feste Tage für Feedbacks, oder nicht. Es werden Dokumente dazu genutzt
		(K33) Austausch über die Auszubildenden im Gesamtteam	Die Leistungen der Auszubildenden werden im gesamten Team besprochen	Eigentlich immer so, wenn die Zeit das auch zulässt, ne? Also, (...) während der Übergabe, also wenn die Übergabe durch ist, dass man sich dann nochmal kurz austauscht. Wir uns auch mit dem Schüler austauschen. Ich frage	Es gibt feste Zeitpunkte für einen Austausch im gesamten Team. Ggf. eher ungeplanter Austausch, oder ein Bemühen, diesen umzusetzen.

Deskriptives /Leitfrage	Oberkategorie	Unterkategorie (K)	Definition	Ankerbeispiele	Kodierregeln
4. Leitfrage: Wie wird kommunikativen und selbstreflexiven Aspekten Rechnung getragen?	Kommunikation & Reflexion			immer mal wieder nach, wie läuft es gerade? Muss irgendwie etwas geklärt werden? Oder auch nicht. Ja." (IP6, ZN 405-409)	
		(K34) Möglichkeiten zur Selbstreflexion	Auszubildende können sich selbst reflektieren	„Donnerstags, Schülerbesprechung. Schüler kriegt natürlich auch eine Rückmeldung. Sonst würde das ja gar keinen Sinn machen." (IP10, ZN 361-362)	Auszubildende können Selbstreflektion üben, Intervalle sind geplant und festgelegt, oder eher zufällig
5.Leitfrage: Inwieweit ist die praktische Ausbildung im Qualitätsmanagement der Klink verankert?	Qualitätsmanagement der Klinik als Träger der praktischen Ausbildung	(K35) Standards und Prozessbeschreibungen für die praktische Ausbildung	Das QM der Klinik berücksichtigt die Pflegeausbildung als eine der größten Berufsgruppen im Krankenhaus	„Ja, gibt es nix." (IP1, ZN 589)	Das Qualitätsmanagement des Trägers der praktischen Ausbildung stellt Standards und Prozessbeschreibungen zur Verfügung, die über das QM der Pflegeschule hinausgehen.

Anhang IV: Informationsschreiben zur Terminverein-barung

Sehr geehrte Stationsleitungen,

Mein Name ist Saskia Löffler und ich bin seit 2014 an der Pflegeschule des X (anonymisiert) als Dozentin tätig. Derzeit befasse ich mich mit einem Forschungsvorhaben mit folgendem Titel:

Organisationale Lernprozesse zur Bindung von Auszubildenden:
Eine Interviewstudie zum organisationalen Lernen, um die Ausbildungsabbrüche in der Gesundheits- und Krankenpflege zu verringern.

Hierzu plane ich Interviews durchzuführen.

Meine Fragen des Interviews habe ich anhand eines Modells entwickelt, mit dem es möglich ist, das Thema „Ausbildungsqualität" darzustellen und zu bearbeiten. Hierzu verwende ich innerhalb der Arbeit ein Qualitätsmodell, welches vom Bundesinstitut für Berufsbildung (BIBB) für den Bereich des Berufsbildungsgesetzes (BBiG) entwickelt und evaluiert worden ist. Im nachfolgenden Link finden Sie hierzu Informationen ab Seite   34.
(https://www.google.de/url?sa=t&rct=j&q=&esrc=s&source=web&cd=&
ved=2ahUKEwjS_aHwzPHpAhWIyqQKHT-
ZXD78QFjABegQIAxAB&url=https%3A%2F%2Fwww.bibb.de%2Ftools
%2Fda-
pro%2Fdata%2Fdocuments%2Fpdf%2Feb_22202.pdf&usg=AOvVaw3
9D2FsVc2v8UpxRggkxEcl)

Diese Interviews möchte ich gerne mit Ihnen, als Stationsleitungen (alternativ mit den stv. Stationsleitungen), führen. Daher würde ich mich sehr freuen, wenn Sie mich und mein Vorhaben unterstützen würden. Geplant sind etwa 30-minütige Interviews. Diese werde ich aufzeichnen und anschließend transkribieren und auswerten, um so Antworten zu meiner Forschungsfrage zu bekommen. Sämtliche Informationen werden dabei selbstverständlich vertraulich behandelt und es wird weder möglich sein Rückschluss auf diese Klinik noch auf Sie als Personen zu ziehen. Im Vorwege habe ich sowohl Herrn X (anonymisiert), als auch Fr. X (anonymisiert) und Fr. X (anonymisiert) über dieses Projekt informiert und um Erlaubnis zur Durchführung gebeten. Der Fragebogen hat dem Betriebsrat zur Genehmigung ebenfalls vorgelegen.

Zur Terminvereinbarung würde ich mich ab Mittwoch den 10.6.2020 telefonisch bei Ihnen melden. Wir können die Interviews sowohl hier in der Schule als auch bei Ihnen vor Ort durchführen. Gerne gebe ich Ihnen weitere Informationen und beantworte ihre Fragen, wenn wir telefonieren.

Ich verbleibe zunächst mit freundlichen Grüßen und hoffe Sie bald für die Interviews begrüßen zu können.

Saskia Löffler

-Dozentin-

Anhang V: Informationen zum Datenschutz für die zu Interviewenden

Jedem Interviewten sind vor Aufzeichnungsbeginn alle Informationen zum Datenschutz gemacht worden.

Datenschutzbestimmun

Ich hiermit versichere ich, Saskia Löffler, alle im Rahmen der Interviews erhobenen Daten vertraulich zu behandeln. Ein Rückschluss auf einzelne Personen wird nicht möglich sein, da alles anonymisiert wird. Die aufgezeichneten Interviews werden im Anschluss transkribiert und nach Ende der erforderlichen Aufbewahrungsfrist von mir gelöscht. Eine Weitergabe an dritte erfolgt nicht.

Der Interviewpartner wurde von mir zu Beginn des Interviews aufgeklärt, die Teilnahme ist freiwillig.

Der Interviewpartner versichert mit seiner Unterschrift, dass er die Informationen erhalten hat und einverstanden ist.

Datum

    Saskia Löffler

Oberkategorie / Kategorie	ZN Anfang	ZN Ende	Originalaussage	Paraphrasierung	Generalisierung	Reduktion
Berufsbezogene Daten / K1 Wie lange examiniert	14	14	Seit 2013	2013	Sieben Jahre examiniert	Sieben Jahre
Berufsbezogene Daten / K2 Wann Leitungsfortbildung gemacht	16	16	Noch gar nicht	Keine	Keine Leitungsfortbildung	Keine Leitungsfortbildung
Berufsbezogene Daten / K3 Seit wann Leitung auf der Station	18	20	Und mache jetzt ähm die richtige pflegerische Teamleitung seit, äh Dezember letzten Jahres offiziell.	Offizielle Teamleitung seit 7 Monaten	7 Monate	7 Monate
Berufsbezogene Daten / K4 Vorher andere Leitungspositionen ggf. extern	31	31	Nein!	Keine anderen Leitungspositionen	Nie woanders Leitung	Woanders keine Leitungsposition
Stationsbezogene Daten / K5 Bettenzahl der Station	43	43	22	22	22	22
Stationsbezogene Daten / K6 Teamgröße	47	48	derzeit 21. Da sind aber auch die Pflegeassistenten mit reingerechnet und auch unser FSJ'ler mitreingerechnet.	21 Teamgröße	21	21
Stationsbezogene Daten / K7 Offene Stellen	70	70	Durch die beiden Teams zur Zeit keine	Keine unbesetzten Stellen derzeit	Null offene Stellen	0 zu besetzende Stellen
Stationsbezogene Daten / K8 Anzahl der PA	74	74	2 und 1	3	3	3
Stationsbezogene Daten / K9 Maximale Ab-Anzahl auf Station gleichzeitig	79	80	maximal drei.	3	3	3
Stationsbezogene Daten / K10 Bedingungen für Einsatz der AB	86	86	nein. Vom Betrieb her ist es so nicht geregelt	Keine Bedingungen für Einsatz der Auszubildenden	Keine Bedingungen	Keine Bedingungen

Oberkategorie / Kategorie	ZN Anfang	ZN Ende	Originalaussage	Paraphrasierung	Generalisierung	Reduktion
Stationsbezogene Daten / K11 Elektives Fachgebiet oder Notfallzugänge	103	103	Hier ist gar nichts geplant	Nichts geplant	Keine Planung möglich	Zugänge kommen ungeplant
	105	106	Also das wenigste ist tatsächlich geplant. Äh, wir kriegen wirklich zu jeder Tag- und Nachtzeit äh Zugänge.	Zugänge 24 h/Tag möglich	Zugänge rund um die Uhr	Zugänge immer
AB als Pflegepotential der Zukunft / K12 Fachkräftemangel kompensieren	118	119	Also sofern die Schüler das möchten, werden die auch äh eingestellt	Übernahme nach Examen, sofern Interesse	Auszubildende werden, wenn sie wollen übernommen	Übernahme der Azubis möglich
AB als Pflegepotential der Zukunft / K13 \Notwendigkeit die Ausbildung erfolgreich zu absolvieren	119	121	wieder Interessenten die, vorausgesetzt äh Examen bestehen natürlich, die dann hier auch eingestellt werden.	Auszubildende sind an Tätigkeit auf der Station nach Examen interessiert	Auszubildende werden nach Examen übernommen	Übernahme nach Examen
AB als Pflegepotential der Zukunft / K14 AB als potentielles Personal im eigenen Unternehmen	121	121	Und ähm, doch, das passiert regelmäßig	Regelmäßige Übernahme von Auszubildenden	Eigene Auszubildende werden übernommen	Übernahme der Auszubildenden
	125	125	aber zum größten Teil werden die meines Erachtens nach alle übernommen.	Großteil wird übernommen	Auszubildende werden examiniert eingestellt	Auszubildende werden übernommen

Oberkategorie / Kategorie	ZN Anfang	ZN Ende	Originalaussage	Paraphrasierung	Generalisierung	Reduktion
AB als Pflegepotential der Zukunft / K14 AB als potentielles Personal im eigenen Unternehmen	129	132	ich finde die Ausbildung hier in unserem Betrieb, also so war es meine Zeit, ist natürlich jetzt auch blöd gesagt (lacht). Ähm ist doch recht umfangreich und ich finde schon, dass hier bei der Ausbildung auf jeden Fall das Ganzheitliche ähm ganz großen Fokus hat	Ausbildung im eigenen Unternehmen umfangreich. Ganzheitlichkeit ist wichtig, dies zeigt die Kommunikation	Ausbildung vermittelt spezifische Kenntnisse wie Ganzheitlichkeit und Kommunikation	Auszubildende erwerben spezielle Kenntnisse

Anhang VII: Strukturierende Inhaltsanalyse aller Interviews

Oberkategorie / Kategorie	IP	ZN Anfang	ZN Ende	Paraphrasierung	Generalisierung	Reduktion
Berufsbezogene Daten / K1 Wie lange examiniert	IP1	14	14	2013	Sieben Jahre examiniert	IP waren zwischen 7 und 37 Jahren examiniert
	IP2	8	8	1983	1983	
	IP3	8	8	1987	1987	
	IP4	6	6	25 Jahre	25 Jahre	
	IP5	5	5	1987	1987	
	IP6	5	5	2011	2011	
	IP7	5	5	20 Jahre	20 Jahre	
	IP8	7	7	27 Jahre	27 Jahre	
	IP9	3	3	1984	1984	
	IP10	17	17	2003	2003	
Berufsbezogene Daten / K2 Wann Leitungsfortbildung gemacht	IP1	16	16	Keine	Keine Leitungsfortbildung	Vier Interviewpartner (IP1,4,6,10) verfügen nicht über eine Leitungsfortbildung. Bei den sechs Interviewpartnern (IP2,3,5,7,8,9) mit Fortbildung war diese zwischen 6 und 27 Jahren her
	IP2	11	11	Ende 90er Jahre	1999	
	IP3	10	10	1994	1994	
	IP4	9	9	Gar nicht	Keine Leitungsfortbildung	
	IP5	10	10	1999	21 Jahre seit Fortbildung	
	IP6	7	8	Keine Fortbildung zur Stationsleitung	Keine Fortbildung	
	IP7	10	10	2014	6 Jahre seit Fortbildung	
	IP8	15	15	2013	Fortbildung vor 7 Jahren	
	IP9	8	8	1993	Vor 27 Jahren Fortbildung	
	IP10	23	23	Habe ich nicht	Keine Leitungsfortbildung	
Berufsbezogene Daten / K3 Seit wann Leitung auf der Station	IP1	18	20	Offizielle Teamleitung seit 7 Monaten	7 Monate	Eine Stationsleitung war vorher bereits die Stellvertretung (IP5). Stationsleitungsjahre auf der Station lagen zwischen 7 Monaten und 25 Jahren
Berufsbezogene Daten / K3 Seit wann Leitung auf der Station	IP2	16	17	Seit 11 Jahren	11 Jahre	
	IP3	12	12	19 Jahre	19 Jahre	

Oberkategorie / Kategorie	IP	ZN An-fang	ZN Ende	Paraphrasierung	Generalisierung	Reduktion
	IP4	16	16	25 Jahre	25 Jahre	IP10 ist die stellvertretende Stationsleitung
	IP5	14 16	14 16	1995 Stellvertretung Seit 1997 Leitung	Seit 1995 Stellvertretung Leitung seit 1997	
	IP6	13	13	Seit einem Jahr	1 Jahr	
	IP7	13	13	2010	2010	
	IP8	18	18	Juli 2019	Juli 2019	
	IP9	10	10	1998	1998	
	IP10	26	26	Letztes Jahr Juni	Juni 2019	
Berufsbezogene Daten / K4 Vorher andere Leitungspositionen ggf. extern	IP1	31	31	Keine anderen Leitungs-positionen	Nie woanders Leitung	Fünf Interviewpartner (IP1,4,5,6,10) hatten zuvor keine anderen Leitungsposi-tion
	IP2	19	20	Ambulanten Pflege-dienst mit aufgebaut	Leitung im ambulanten Pflegedienst	
	IP3	17	17	Leitung auf Station X	Eine andere Leitungsposi-tion	Fünf Interviewpartner (IP2,3,7,8,9) hatten eine an-dere Leitungsposition zuvor
	IP4	19	19	Nein	Keine weitere Leitungsposi-tion	IP8 war zuvor stellvertretende Stationsleitung
	IP5	20	20	Keine	Keine	
	IP6	16	16	Nein	Nein	
	IP7	19	19	Wohngruppenleitung	Eine andere Position	
	IP8	22	22	Stellvertretung von 2013-2019	Eine Position als Stellvertre-tung	
	IP9	15 17	15 17	Auf allgemeiner Station Als Vertretung	Eine andere Position Stellvertretung	
	IP10	29	29	Keine	Keine	

Die Reihe „Pädagogische Praxisimpulse" richtet sich an AutorInnen, die aus der Praxis und für die Praxis niedrigschwellig ihre Erkenntnisse und Forschungsarbeiten darstellen und einer Leserschaft zur Verfügung stellen wollen. Für die LeserInnen soll damit die Möglichkeit geschaffen werden komplexe und theoretische Sachverhalte nachvollziehbar und für ihre Praxis anschlussfähig aufbereitet vorzu-finden. Idealerweise beinhalten die Beiträge immer auch konkrete Umsetzungsvorschläge und Anwendungsbeispiele.

FSC
www.fsc.org

MIX

Papier aus ver-
antwortungsvollen
Quellen
Paper from
responsible sources

FSC® C105338